中国社会科学院国情调研特大项目"精准扶贫精准脱贫百村调研"

精准扶贫精准脱贫百村调研丛书

CASE STUDIES OF TARGETED POVERTY REDUCTION AND
ALLEVIATION IN 100 VILLAGES

李培林／主编

精准扶贫精准脱贫
百村调研·贵溪村卷

苗寨侗乡的脱贫攻坚之路

邹青山　沈进建　张秋涛　陈媛媛／著

社会科学文献出版社

SOCIAL SCIENCES ACADEMIC PRESS (CHINA)

中国社会科学院国情调研特大项目
"精准扶贫精准脱贫百村调研"
项目协调办公室

主　任：王子豪
成　员：檀学文　刁鹏飞　闫　珺　田　甜　曲海燕

总　序

　　调查研究是党的优良传统和作风。在党中央领导下，中国社会科学院一贯秉持理论联系实际的学风，并具有开展国情调研的深厚传统。1988年，中国社会科学院与全国社会科学界一起开展了百县市经济社会调查，并被列为"七五"和"八五"国家哲学社会科学重点课题，出版了《中国国情丛书——百县市经济社会调查》。1998年，国情调研视野从中观走向微观，由国家社科基金批准百村经济社会调查"九五"重点项目，出版了《中国国情丛书——百村经济社会调查》。2006年，中国社会科学院全面启动国情调研工作，先后组织实施了1000余项国情调研项目，与地方合作设立院级国情调研基地12个、所级国情调研基地59个。国情调研很好地践行了理论联系实际、实践是检验真理的唯一标准的马克思主义认识论和学风，为发挥中国社会科学院思想库和智囊团作用做出了重要贡献。

　　党的十八大以来，在全面建成小康社会目标指引下，中央提出了到2020年实现我国现行标准下农村贫困人口脱贫、贫困县全部"摘帽"、解决区域性整体贫困的脱贫攻坚目标。中国的减贫成就举世瞩目，如此宏大的脱贫目标世所罕见。到 2020 年实现全面精准脱贫是党的十九大提出的三大攻坚战之一，是重大的社会目标和政治任务，中国的贫困地区在此期间也将发生翻天覆地的变化，而变化的过程注定不会一帆风顺或云淡风轻。记录这个伟大的过程，总结解决这个世界性难题的经验，为完成这个攻坚战献计献策，是社会科学工作者应有的责任担当。

2016 年，中国社会科学院根据中央做出的"打赢脱贫攻坚战"战略部署，决定设立"精准扶贫精准脱贫百村调研"国情调研特大项目，集中优势人力、物力，以精准扶贫为主题，集中两年时间，开展贫困村百村调研。"精准扶贫精准脱贫百村调研"是中国社会科学院国情调研重大工程，有统一的样本村选择标准和广泛的地域分布，有明确的调研目标和统一的调研进度安排。调研的 104 个样本村，西部、中部和东部地区的比例分别为 57%、27% 和 16%，对民族地区、边境地区、片区、深度贫困地区都有专门的考虑，有望对全国贫困村有基本的代表性，对当前中国农村贫困状况和减贫、发展状况有一个横断面式的全景展示。

在以习近平同志为核心的党中央坚强领导下，党的十八大以来的中国特色社会主义实践引导中国进入中国特色社会主义新时代，我国经济社会格局正在发生深刻变化，脱贫攻坚行动顺利推进，每年实现贫困人口脱贫 1000 多万人，贫困人口从 2012 年的 9899 万人减少到 2017 年的 3046 万人，在较短时间内实现了贫困村面貌的巨大改观。中国社会科学院组建了一百支调研团队，动员了不少于500名科研人员的调研队伍，付出了不少于3000个工作日，用脚步、笔尖和镜头记录了百余个贫困村在近年来发生的巨大变化。

根据规划，每个贫困村子课题组不仅要为总课题组提供数据，还要撰写和出版村庄调研报告，这就是呈现在读者面前的"精准扶贫精准脱贫百村调研丛书"。为了达到了解国情的基本目的，总课题组拟定了调研提纲和问卷，要求各村调研都要执行基本的"规定动作"和因村而异的"自选动作"，了解和写出每个村的特色，写出脱贫路上的风采以及荆棘！对每部报告我们都组织了专家评审，由作者根据修改意见进行修改，直到达到出版要求。我们希望，这套丛书的出版能为脱贫攻坚大业写下浓重的一笔。

中共十九大的胜利召开，确立习近平新时代中国特色社会主义思想作为各项工作的指导思想，宣告中国特色社会主义进入新时代，中央做出了社会主要矛盾转化的重大判断。从现在起到2020年，既是全面建成小康社会的决胜期，也是迈向第二个百年奋斗目标的历史交会期。在此期间，国家强调坚决打好防范化解重大风险、精准脱贫、污染防治三大攻坚战。2018年春节前夕，习近平总书记到深度贫困的四川凉山地区考察，就打好精准脱贫攻坚战提出八条要求，并通过脱贫攻坚三年行动计划加以推进。与此同时，为应对我国乡村发展不平衡不充分尤其突出的问题，国家适时启动了乡村振兴战略，要求到2020年乡村振兴取得重要进展，做好实施乡村振兴战略与打好精准脱贫攻坚战的有机衔接。通过调研，我们也发现，很多地方已经在实际工作中将脱贫攻坚与美丽乡村建设、城乡发展一体化结合在一起开展。可以预见，贫困地区的脱贫攻坚将不再只局限于贫困户脱贫，我们有充分的信心从贫困村发展看到乡村振兴的曙光和未来。

是为序！

李培林

全国人民代表大会社会建设委员会副主任委员

中国社会科学院副院长、学部委员

2018 年 10 月

前　言

2013年11月，习近平总书记在湖南湘西考察时指出："扶贫要实事求是，因地制宜。要精准扶贫，切忌喊口号，也不要定好高骛远的目标。"这是习近平总书记第一次在正式场合提出"精准扶贫"思想。此后习近平总书记又在多个场合阐述精准扶贫、精准脱贫思想。2014年10月的首个"扶贫日"，习近平总书记做出重要批示："各级党委、政府和领导干部对贫困地区和贫困群众要格外关注、格外关爱……加大扶持力度，善于因地制宜，注重精准发力，充分发挥贫困地区广大干部群众能动作用，扎扎实实做好新形势下扶贫开发工作，推动贫困地区和贫困群众加快脱贫致富步伐。"2014年11月初，在福建调研时习近平总书记指出："当年苏区老区人民为了革命和新中国的成立不惜流血牺牲，今天这些地区有的还比较困难，要通过领导联系……加快科学扶贫和精准扶贫。"这些指示、批示进一步显现了习近平总书记将精准扶贫视为新时期扶贫开发方式的新要求。

习近平总书记精准扶贫思想来源于对中国社会贫困状况的深入了解和洞悉，来源于实践，又用于指导实践，并在实践检验中逐步得到发展完善。特别是在 2015 年 6 月，习近平总书记在贵州召开的部分省区市党委主要负责同志座谈会上进一步指出："扶贫开发贵在精准，重在精准，成败之举在于精准。各地都要在扶持对象精准、项目安排精准、资金使用精准、措施到户精准、因村派人（第一书记）精准、脱贫成效精准上想办法、出实招、见真效……要因地制宜研究实施'四个一批'的扶贫攻坚行动计划，即通过扶持生产和就业发展一批，通过移民搬迁安置一批，通过低保政策兜底一批，通过医疗救助扶持一批，实现贫困人口精准脱贫。""六个精准""四个一批"重要扶贫实践路径的提出，为党中央、国务院及省一级党委、政府制定精准扶贫脱贫政策方略、目标措施的顶层设计提供了思想和实践依据。

正是在习近平精准扶贫思想指引下，依据党中央、国务院印发的若干关于精准扶贫、脱贫的意见、通知及相关的政策配套文件，贵州省针对本省实际，科学制定实施了一系列关于扶贫攻坚的条例、指导意见、目标及措施办法，完成了有关精准扶贫、脱贫的二次顶层设计，并要求把立足于精准扶贫、精准脱贫的文件精神落实到具体行动和扶贫实践中。

贵州省县、乡、村的脱贫攻坚实践正是在省级扶贫方略顶层设计、路线、目标、要求下的层级分步实施。如果从一个贫困村庄脱贫实践的维度来看，它仅仅是县乡脱贫攻坚布局、目标中的一个面或者是一个点，抑或是精准扶贫、脱贫政策观照下的个体实践。精准扶贫、脱贫包含着"不能让一个贫困群众掉队""小康不小康，关键看老乡""实现现行标准下贫困县的全部退出和贫困人口的全部脱贫"的政治要义和民生关怀，是统领经济社会发展的第一要务。从这个意义上说，分析、解读、研究像贵溪村这样一个少数民族村寨的脱贫实践，就具有了反观省、自治州、县乡精准扶贫政策、措施、办法在最基层实施的效果参照。同时也便于厘清各级政府在精准扶贫中各自的角色定位和承担的职能，以及好的政策与基层落实之间是否存在落差。

可以看到，政府主导下的精准扶贫、精准脱贫正显现着强大的政策优势；集中社会各方力量办大事、办好事正是我党执政的一大特点，同时也是我国为解决贫困这一世界性难题贡献的中国方案和中国智慧。十几年来，特别是党的十八大以来，以习近平同志为核心的党中央以民生为要，心系贫困群众，为全面建成小康社会殚精竭虑，科学谋划布局，这为2020年决胜国家层面上的脱贫提供了坚实的政治保障。上下同欲者胜，当一个国家、一个政党、整个社会把脱贫攻坚当成一项输不起的战役的时候，坚决打赢脱贫攻坚战的目标便变得可期、可待。

贵溪村，这个掩映于大山中的苗族村寨，过去数百年与贫困为伴，百姓的生活常常处于饥饿和半饥饿状态。如今，受惠于党和国家的脱贫攻坚政策，古老的村寨正逐渐融入全面建成小康社会的序列中，贫困家庭、贫困人口正感受到越来越多政策的阳光雨露，得到教育、医疗、产业发展和住房、养老等各个方面的帮扶，他们的生活正得到明显的改善。这说明精准扶贫作为国家层面的一种有效的社会政策正发挥出积极有效的作用，政策已经成为消除贫困、改善民生的关键的一步。

当贫困村的贫困群众生活得到改善时，会给予贫困者以新的希望和促使其改变自身行为习惯的内在力量，比如贫困者变得比以前勤快了，家庭卫生状况有所好转。当一个人的生产和生活进入良性循环的状态时，这意味着脱贫致富的内生动力正在被激发出来。

在贵溪村，我们发现，省、自治州、县乡的各个层级的扶贫脱贫攻坚政策措施正是通过驻村扶贫干部走进贫困者中间，倾听他们的心声，了解他们的致贫原因，一家一户地制定出帮困脱贫的具体办法，按照上级下发的文件、意见和好的政策尽可能精准地予以实施，最终通过对扶贫效果的考核、检验，测度各项扶贫措施之于贫困户的工作成效、贫困户的满意度情况，确保实现真正意义上的脱贫。

目　录

第一章

大山深处的少数民族村寨

第一节 贵溪村概况

　　贵溪村，位于黔东南苗族侗族自治州三穗县良上镇，是一个掩映于大山深处的少数民族村寨。村中除两户曾姓为汉族外，其余为苗族和侗族，少数民族占全村人口的97%。贵溪村原名"矮子菜"，"文化大革命"期间一度更名为"民族大队"，后来村民们觉得村名叫起来不雅，遂改为贵溪村。贵溪村有三个自然寨，分别为大榜坡、贵九年、贵溪，坐落于相隔四五公里的大山之中。三个寨子划分为四个村民小组，村中总人口187户872人，劳动人口453人。"十三五"时期贫困人口总数92户356人，贵溪村2014~2016年已脱贫贫困户25户107人，未脱贫贫困户67户249人，2017年计划脱贫贫困户 58 户 215 人，村庄贫困发生率为 28.98%。

贵溪村中，邰姓为第一大姓，占全村人口的 80%，而且论起来大多是亲戚，村支部书记邰诗伦能一口气说出邰姓 60 代的辈分排名。据考证，邰姓为周族始祖弃的后代，以国名为氏。邰姓始于尧舜时期，邰氏的始祖就是上古时代有大功于民族进化的贤人后稷，为帝尧的农官，因治理农业有功，尧就封他为邰国的国君，从此便有了邰姓。根据《说文》记载，后稷为尧的大司农，以功受封于邰这个地方，子孙就以邰为姓氏。邰姓来源的另一种出处，源于他姓——大利稽氏所改。据《周书》记载，南北朝时，北魏鲜卑族有大利稽氏，入中原后改为邰氏，又据《通志·氏族略》记载："大利稽（三字姓）之为邰。"但从苗族迁徙的历史看，邰姓并不是当地的姓氏，贵溪邰姓的族谱上记载，邰氏几百年前从江西迁来，至今已历数十辈。这种说法倒比较符合历史上苗族迁徙的地理走向。

贵溪村另一大姓氏为周姓，据周氏族人考证，他们这一支为清代从贵州天柱迁来，至今已历六代，主要居住在贵溪村大榜坡自然寨。周家人自认是三国时期周瑜的后人，2000 年时，周氏族人在村委办公楼的左侧共同集资建起周氏宗祠，宗祠门口有对联写道：

瑜公后裔绳其族武兆千秋
周氏先宗浩气长存垂万古

世代为农的贵溪村民过去多年以自然寨为居住单元，

三个自然寨散居于大山之中，有羊肠小道与外面的世界相通，山路崎岖，蜿蜒环绕，赶上下雨天，小路泥泞不堪，村民出行困难。三十年前，村里人开始种植稻谷、蔬菜，零星养一些家禽，乡集时用地里的物产和山中砍伐的木柴换些油盐火烛之类。1988年，贵溪村开始陆续通水通电，2006年，由乡里出水泥、沙子，村民出工修通由乡间公路连接通往山上住户的水泥路，极大地改善了村民出行的状况。

在村支部书记邰诗伦的记忆中，20世纪80年代，村民还经常处在半饥饿状态，直到90年代，杂交水稻的推广种植才解决了村民温饱问题。村民生活真正有了起色和改观源于外出南下打工，在接下来的村庄调研中获悉，在三穗县绝大多数贫困村中，村民外出打工挣钱成为青壮年劳动力的不二选择。走出大山的村民在看到外面世界精彩和繁荣的同时，也连接起了闭锁的大山与经济发达地区之间的道路。这几年，贵溪村中盖起的一幢幢的楼房，大多源于村民外出打工的辛勤所得和国家惠农政策的大力支持。

邰诗伦的叙述在村纪检员周承忠的口中也得到了证实，1964年出生的他上高中时因交不起4元的学费而辍学回家务农，那时在生产队干一天活挣三分工，根本不足以解决温饱，他清楚地记得：1998年后，生活才有了好转，终于可以吃饱饭了。在此后近二十年，贵溪村传统的生产耕作方式、近乎自给自足的自然经济并没有让在家的村民走上一条富裕之路，而是徘徊在仅仅解决了温饱、基本住房、子女入学、基本医疗等问题而与小康尚有不小距离的发展阶段。

在贵溪村，因无劳动力，因病，因残或鳏、寡、孤、

独导致的贫穷还存在一定的比例。目前，村中有五保户 6
户 12 人、低保户 9 户 32 人、低收入户 29 户 110 人、空
巢老人 9 人、留守儿童 23 人，尽管在政府下达的指标中
贵溪村属于 2017 年出列的贫困村，但在摆脱贫困的道路
上，贵溪还面临一系列现实的困难。

贵溪村就所处的地理位置看，虽地处大山的环抱之
中，但在今天看来也算不得太过偏僻，村寨距良上镇政府所
在地有 4 公里车程，距离三穗县城 35 公里，其间有柏油路或
水泥路相通，一天有多趟中巴车往返于县城和镇村之间。

贵溪村位于良上镇的东北部，东与长吉乡地盛村、西
与下寨村相接，拥有田地 326.52 亩，人均占有耕地 0.37
亩，土地面积 47 亩。贵溪村属亚热带季风气候，年平均
降雨量约 1140 毫米，雨水充沛，冬无严寒，夏无酷暑，
无霜期在 290 天左右，适合农作物耕种生长。良好的气候
条件造就了贵溪丰富的森林资源，森林覆盖率达 65% 以
上，山上松树、刺杉高大茂密，竹林丛生，草木丰美，即
使隆冬时节到此，也是满目苍翠、一派生机。良好的自然
生态成为贵溪村下一步发展的重要凭借。

第二节　苗族的迁徙对村庄经济的影响

苗族，中国多民族大家庭中的一员。世界上没有任何

一个民族像苗族那样经历过漫长而久远的迁徙。如果苗族也有文字，他们的先人肯定会记载下本民族悲壮而宏阔的历史。澳大利亚著名的民族史学家格迪斯在《山地民族》一书中写道："世界上有两个灾难深重而又顽强不屈服的民族，他们就是中国的苗族和分散在世界各地的犹太族。"这位史学家对苗族历史的概括可谓恰如其分。

有学者认为，苗族的迁徙既是一部悲壮的英雄史，又是正确解读苗族经济、文化、民俗必不可少的史料参照。解读苗族迁徙的历史，有助于人们了解世居大山中苗族村寨的贫困根源和风俗传承，有助于从历史的维度上认知一个民族发展落后的原因。苗族历史上先后经历过五次大的迁徙，据史料记载，第一次迁徙发生在进入农业社会以后，九黎部落为苗族的先民，原本生活于我国东部黄河下游和长江下游之间的平原地带。因与东下的炎黄部落发生战争，逐鹿于中原，后九黎部落惨败，首领蚩尤被杀，不愿融合为华夏民族的苗族先民南迁到长江中下游一带定居，经过400多年的发展，他们在长江中下游建立了一个新兴的国家——"三苗国"，并形成以"三苗"见诸史册的新的部落集团，这是苗族先民第一次大迁徙。

南迁后，繁衍生息于长江中下游一带、逐渐强悍起来的"三苗国"，与以尧、舜、禹为首的华夏部族再次发生冲突。经尧、舜、禹三代的不断"征伐"，"窜三苗于三危""放驩兜于崇山"①，到了夏禹时期，三苗被彻底打败，

———————————

① 见《尚书·舜典》。

"三苗国"从此不复存在，幸存下来的除部分融入华夏部族外，其余的举寨又继续南逃，到鄱阳、洞庭两湖以南的江西、湖南的崇山峻岭之中隐居下来。经过漫长的发展，苗族才以"南蛮"、"荆蛮"或"荆楚"的名称出现于中原文献史料中。这是苗族历史上的第二次大迁徙。

被称为"荆楚""荆蛮""南蛮"的苗族先民，中原文献中不再有"三苗"的记载。他们从长江中下游平原迁到绵绵群山之后，经过艰苦卓绝的创业，又在条件恶劣的山区逐渐繁衍、发展起来。苗族发展成"五霸""七雄"之一的楚国主体居民。《史记·楚世家》中，楚文王说："我蛮夷也，不与中国之号谥。"楚武王也说："我蛮夷也，今诸侯皆为叛。"春秋战国时期，由于战乱不止，为避战祸，部分苗民又跋涉西迁到自然条件更为险恶的武陵山区。秦吞并巴蜀灭楚后，苗族又大量向西向南迁移。翦伯赞在《中国史纲》中论述道，"至西汉之初，今日川黔汀鄂一带的山溪江谷间，已经布满了南蛮之族"。他们中的大部分沿澧水，顺沅江，进入武陵地区的"五溪"，即雄溪、满溪、辰溪、酉溪、武溪。迁至武溪的苗民在今贵州的黄平、施秉、镇远、岑巩、玉屏和湖南的新晃、芷江、怀化一带定居下来。这之后，苗族就以"武陵蛮""五溪蛮"的名称见诸文献。这是苗族历史上的第三次大迁徙。

秦汉时期，偏安于武陵山区和"五溪"两岸的苗民，经历过一段休养生息之后，到了西汉末年，"武陵蛮"因形成一股强大的势力而引起封建王朝的注意。《后汉书·南蛮传》云："光武中兴，武陵蛮特盛。"光武帝为巩固统治，两次派武威将军刘尚沿沅江而上，进攻武陵蛮，招致全军覆没；继派李嵩、马成率兵进攻武陵蛮，也被武陵苗族联合其他民族扼险击溃。及至唐宋时期，封建王朝不断地向"武陵蛮""武溪蛮"大举用兵。据《资治通鉴》记载，唐开元十二年（724年）宦官杨思勖为黔中招讨使，"率兵六万往，执行璋，斩首三万级"。由于封建王朝不断征剿，"武陵蛮"和"武溪蛮"再度西迁，或向更高、更险的深山、峡谷纵深隐居。有的沿着舞阳河西上，迁至贵州思州（今岑巩县）以及思南、印江、梵净山区；有的沿清水江西上到黔东南地区定居；有的迁得更远，进入黔北、黔西、川南和云南、广西，分布越来越分散。这是苗族历史上的第四次大迁徙。

元明清时期，由于战乱不断，加之封建朝廷对苗族的民族歧视与压迫更为沉重，军事镇压也更为残酷，苗族又发生规模更大、范围更广的第五次大迁徙。元时曾把中华民族分为四等，把包括苗族在内的南人视为最末一等。明清时期，苗族人民多次被迫起义，又多次被镇压和屠杀。每次起义失败，都导致背井离乡的结果。苗族继续从武陵、五溪地区迁入贵州、广西和四川，并由贵州、广西及川南经过不同路线进入云南，又由云南、广西迁徙至越南、老挝和泰国。至此，苗族历史上的大迁徙才算基本结束。

在中华各民族历史上，没有一个民族像苗族这样历经如此长时间、大幅度、大规模、远距离的迁徙，没有一个民族像苗族这样历尽劫难，不断遭到封建统治集团的屠戮，尽管那些已佚风干的血迹早已凝固于历史的长廊中，但像苗族这样的血泪迁徙在世界 2000 多个民族中也不多见，也正是这种迁徙，对苗族的社会经济发展产生了深刻的影响。

苗族不断的迁徙，在磨炼苗族人民不屈不挠的顽强意志的同时，也铸就了他们对民族剥削和压迫具有强烈的反抗精神，共同的苦难培育了苗族讲义气、重友情，勇敢、坚强，为人直爽坦荡，重视团结的性格品质，既注意苗族自身的团结，又注意和其他民族的团结，和睦共处。

此外，不断的迁徙，使他们经常面对艰险的自然条件和生活环境，强烈的生存意志造就了苗族人民特别能吃苦耐劳、特别富于在艰苦条件下生存创业的能力，无论

图1-1 居住在传统苗寨中的贵溪村民

说明：除特别标注外，书中照片均由本书作者邹青山于贵溪村调研期间拍摄，2017 年。

迁到哪里，都能在陌生的土地上迅速适应环境，生息繁衍下来。

不断的迁徙、逃难，使苗族人民长期生活在最偏远的深山里，或崇山峻岭中，或沟壑纵横、交通极为不便的地方，远离区域统治中心的政治、经济、文化，苗族长期处于创业—迁徙、迁徙—创业的颠沛流离中，这在客观上大大延缓了苗族经济、文化的社会发展进程，使苗族居住地区的生产力长期处于低速发展的原始状态。

不断的迁徙也使苗族分布的地域广阔，居住分散，不同部落支系生活封闭，交流极少，从而形成了各支系繁多的方言。由于没有自己的文字，苗族不能用统一的文字记载民族的历史文化传承，不同部族之间也难以用苗语进行沟通和交谈。

从苗族迁徙的历史大背景下审视今天的贵溪村，在一定程度上也可以看作苗族漫长历史投影下的一个真实写照。一个村庄，散居于大山深处的三个自然寨子中，有苗族、有汉族、有侗族，民族间和睦相处，在过去的上百年以至数百年中过着刀耕火种般的生活，生产方式的落后和相对封闭的生活延缓了他们走出大山的脚步，日出而作，日落而息，与鸟兽共居，与自然搏斗，保持着本民族原始的图腾崇拜，长期陷于温饱与半温饱、饥饿与半饥饿的窘困之中。

今天，党和国家贯彻"民族平等"和"民族区域自治"的政策，各民族共同享有政治、经济、文化的平等权利。苗族，早已成为中华民族大家庭中的重要成员之一，发扬传承民族自立、自强精神，享有国家精准扶贫、精准脱贫政策的扶持，进一步融入全面建成小康的时代行列中，古老民族也必将可以为国家的振兴、人类的文明进步做出更大的贡献。

第三节　贵溪村贫困根源浅析

在贵溪村，贫困是一个动态的概念。在每一个贫困家庭的观念中，对贫穷或许都会存在着不同的理解或标准。即使按照现行标准下的脱贫户，还会认为自己的家庭处在贫困之中，或者认为自己家庭中没有多少存款，或者觉得自家盖房子欠了很多的债务，或者认为家中有人生病花光了所有的积蓄。尽管与过去的生活相比，每天都能吃上白米，也无冻馁之患，而且拥有自己的房子，虽然有的房子还很破旧。在过去的十几年抑或几十年中，贫困的内涵在贵溪村发生了很大的变化。从温饱到实现小康，这中间到底有多大的差距？还有多远的路要走？贵溪的贫困户大多说不清楚。贫困，在这里，并不意味着像美国纽约、洛杉矶那些大城市里因无家可归而露宿街头的人。对于村里的那些贫困者而言，除了那几间破房子和尚能维持的温饱之外，他们再无其他可以支配的金钱和财产，而且令人担忧的是，他们参与社会生产的能力严重不足，所以，生活只能在拮据和窘困中维持。按照贵州省制定的农村贫困人口的标准，年人均收入低于 3146 元的家庭即为贫困家庭。按照这一标准，贵溪村的贫困户尚有 92 户 356 人。按照乡镇和村里对致贫原因的梳理，大致如下：因缺技术致贫的贫困户有 45 户 167 人，因缺劳动力致贫的贫困户有 7 户 16 人，因缺土地致贫的贫困户有 1 户 8 人，因缺资金致贫的贫困户有 8 户 38 人，因病致贫的贫困户有 12 户 51 人，因残致贫的贫困户有 6 户 23 人，因孩子上学导致跌入贫困线以下的贫困户有 11 户 49 人，因自身动力不足致贫的贫困户有 2 户 4 人。

图1-2　贵溪贫困户剪影（1）

非贫困户的家庭都是相似的，贫困的家庭各有各的原因。套用托尔斯泰说过的话（幸福的家庭都是相似的，不幸的家庭各有各的不幸）概括贵溪村的贫困户致贫原因，也是确切的。从大的方面说，贵溪村所属的良上镇属于国家二类贫困地区，三穗县属于国家级贫困县，正是这一户户的贫困家庭构成了国家级贫困县和贫困地区的外在条件。历史的、自然的、社会经济发展水平的不同，导致这一地区贫困的普遍性和贫困发生率高企。从一个村庄的层面讲，世代深居的大山，几乎阻隔了与外部经济发达地区的联系，客观上大大延缓了一个村庄迈向现代化的进程，长久地停留在相对原始的生产方式上，导致在有限的土地上产出低下，仅仅实现了自给自足甚至难以自足的生活所需。原始而传统的生产生活方式正如一首诗歌中描述的：

> 我的祖母生在山谷，
>
> 长在山谷，
>
> 老在山谷。
>
> 周围三十里锁住了她一生的脚步，
>
> 从小屋到田间，
>
> 从田间到小屋，
>
> 这就是她人生的道路……

其实，像这位祖母的人生可能就是老一辈贵溪人真实生活的写照。在社会需求的链条中，他们的劳动所获没有满足这一链条中的任何一环，这正是他们无法获取和提高收入的原因。在对贵溪村贫困户的调研中发现，贫困户的受教育水平低下，几乎是清一色小学文化程度，还有不少是文盲。这在很大程度上制约了他们参与社会劳动生产的机会，并降低了他们融入社会的能力。如果他们是高中文化程度或接受过相对系统的劳动技能培训，至少可以为他们走出大山寻找工作提供更多的可能，扶贫先扶智，扶智看教育，这是解决贫困人口脱贫的有效途径。

图1-3 贵溪贫困户剪影（2）

对于那些因病致贫、因病返贫的家庭来说，突如其来的大病或长期的慢性病足以让一个并不富裕的家庭雪上加霜。如果是贫困户，则更会遭遇不堪承受之重。今天，即使在城市，如果缺乏大病医疗救助，昂贵的医疗费用也会让一个普通收入家庭陷入困顿。在贵溪，即使是加入农村合作医疗的贫困户，缴纳的一百多元合作医疗费用也是由政府垫支的。看不起病，仍然是众多贫困户面临的生活窘困之一。

此外，缺乏劳动力导致的家庭贫困在于没有劳动带来收入，这往往与老弱病残的家庭是叠加在一起的，在经济发展相对落后的地区，因劳动力缺失造成的贫困概率比经济发达地区要高很多。

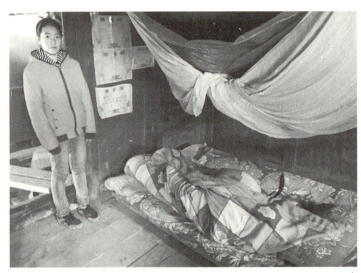

图1-4　一位学习成绩优异的贫困家庭子女

在贵溪，低收入家庭的因学致贫较为普遍。这类家庭孩子多，大多是计划生育年代超生户，孩子又都在上学，特别是有孩子上高中和大学的家庭，每年的学费和生活费对一个贫困家庭来说都是一笔巨大的支出。贵溪村有一户张姓家庭，三个孩子，一个女儿上大学，一个上高中，儿子上初中，三个孩子一年两万多元的教育支出使家庭陷入贫困。尚在义务教育阶段的孩子花销比起一个高中生、大学生来会少很多。政府通过"三免一补"，家庭只需要支出很少的钱即可让孩子完成小学、初中学业。况且，因孩子上学导致的贫困是暂时的，教育为一个孩子在未来的生活中提供了更多的可能，同时也为一个家庭的最终脱贫埋下了希望的种子。

因缺乏生产资金造成的贫困在贵溪村所占的比例不高，在贫困家庭那里，资金的扶持固然是重要的，但如何让资金产生更好的效益和回报，则涉及投入产出比的问题，目前，政府正在为贫困家庭发放"特惠贷"和发展产业的惠农贷款，解决他们生产中的启动资金不足问题。

贫困家庭的致贫原因尽管各不相同，但在良上镇一带，一个村庄的贫困呈现一定的相似性。经济基础薄弱，村庄集体经济缺失，产业经济不足以形成有效的带动，缺乏能人经济的引领等，也是造成"大河里无水小河里旱"的重要原因。

第四节　贵溪民俗探析

苗族在黔东南一带山中生产、生活的历史足够悠远。从地理哲学的角度看，居住越是偏远闭塞的地方越是保留了一个民族传统的习俗。民族的习俗因袭相传，在外部环境的作用下也会因时而化，只是这种变化会因居住生存环境的封闭或开放呈现得或快或慢而已。同是苗族，聚居在贵州、湖南、广西大山中的苗民和早已远走海外的苗民后裔当然会存在不同的生活习俗。苗族主要居住在高山地带，以农业为主，传统的生产耕作方式、相对特殊的生活居住环境、本民族特有的宗教信仰和图腾崇拜造就了苗族人民的习俗。

图 1-5 贵溪村一带女儿出嫁的婚宴

贵溪村，这个苗族和侗族占 97% 的少数民族村庄，还保留着多少本民族的习俗？这些习俗多大程度上制约了他们迈向现代生活的步伐？

一　贵溪苗族的传统服饰与饮食习惯

在衣着上，过去苗族男子的服饰为头缠布帕，戴多层"人字形"帽饰，身穿对襟衣，袖长而小，裤筒短而大，包青色裹脚。衣料多为自织"家机衣"，花格衣最具特色。苗族妇女衣着较为复杂，头帕颜色与男子相似，但包法不同，多为折叠式，由前额向后脑延伸，下小上大，成扁圆形，似古代官妇发髻。衣服一律满襟，腰大而长，袖大而短，无衣领。裤短而大，腰系围裙，胸前、袖口、围裙、裤脚习惯滚边、绣花或排纱，五光十色，多彩炫目。但这

二　贵溪村民的传统民居

贵溪苗民修建的房屋也正朝着汉化的方向发展。在一些古老的苗族山寨中，居住的房屋大部分还都是木制的吊脚楼。过去，苗族大多居住在高寒山区，山高坡陡，平整、开挖地基极不容易，加上天气阴雨多变，潮湿多雾，砖屋底层地气很重，不宜起居。因而，苗族的筑居历来依山傍水，构筑一种通风性能好的干爽的木楼，叫"吊脚楼"。

图1-6　贵溪村破旧的吊脚楼

以贵溪村大榜坡自然寨的吊脚楼为例，其通常建造在斜坡上，分两层或三层。最上层很矮，只放粮食不住人，楼下堆放杂物或作牲口圈。两层者则不盖顶层，一般以竹编、腊条糊泥作墙，以草或树皮盖顶，后多改为瓦顶。

苗族的吊脚楼建造时把地削成一个"厂"字形的土台，土台下用长木柱支撑，按土台高度取其一段装上穿枋和横梁，与土台平行。吊脚楼低的有七八米，高者有十三四米，占地二三十平方米。屋顶除少数用杉木皮盖之外，大多盖青瓦，平顺严密，规则齐整。

　　吊脚楼的堂屋是迎客间，两侧各间则隔为二三小间为卧室或厨房。房间宽敞明亮，门窗左右对称。有的苗家还在侧间设有火炕，冬天就在这烧火取暖。中堂前有大门，门是两扇，两边各有一窗。中堂的前檐下，有的装有靠背栏杆，称"美人靠"。

图1-7　建在平地上的吊脚楼

　　吊脚楼是苗族的传统建筑，也是中国南方一些少数民族特有的古老建筑形式。在良上镇雅中村，至今还保留着依山而建的连片的吊脚楼，蔚为壮观，全为木质结构的吊脚楼屹立几十年甚至上百年还颇为牢固，楼上住着人，楼下架空容物，被现代建筑学家认为是最佳的生态建筑形式。吊脚楼是苗寨侗乡的建筑一绝，它依山傍水，鳞次栉比，沿山势层叠而上。

吊脚楼的形成有历史的原因，也有自然的原因。据建筑学家考证，苗族吊脚楼是干栏式建筑在山地条件下富有特色的创造，属于歇山式穿斗挑梁木架丁栏式楼房。从历史来看，苗族的建筑文化可以追溯到上古时期。肇始于环太湖地区苗族祖先蚩尤所在的九黎部落集团，他们参与了环太湖地区河姆渡文化和良渚文化的创造。河姆渡文化和良渚文化的考古发现证实了苗族先民的民居就是干栏式建筑。

这些充满了苗族艺术意象的吊脚木楼，在历史的空间中留存至今，既是苗族人民艰辛生活的佐证，又为特色民族旅游提供了可观可览的凭借。

三　贵溪苗族礼俗与图腾崇拜

在贵溪村中，无论是居住在传统吊脚楼里的村民还是已搬到新建楼房里的村民，他们堂屋的正中央位置皆摆放着木制的祭台，供奉着"天地君亲师"的牌位，这一信仰与苗族人对原始自然的图腾崇拜是一致的，敬天、敬地、敬君、敬故去的亲人、敬师长，这些都是人间的至诚至圣，表达着一个民族心灵和情感中的寄托和祈愿，天地是自然万物的承载，故去的长辈是生者的来处，君、师也是世间的伦常，这一切都是在漫长农耕社会里形成的不只是苗族也是整个中华民族的情感价值归依，也是一个民族生生不息的写照。正如祭台两边的对联：

金炉不断千年火

玉盏长明万岁灯

横批为"祖德流芳"。

图1-8　贵溪村民家中家家都供奉有神龛

　　在调研中，我们深深感受到：苗族社会，即使苗族占人口97%的聚居区，在工业和信息化社会的浸染下，一些本民族的文化传统也在弱化以致消失，因为没有自己的文字，仅靠因袭相承，口口相传，年轻人已不记得或不太关注本民族的风俗传承，它们更容易融入现代的城市生活中，与自己民族的风俗信仰渐行渐远，如三穗县宣传部部长衷正豪所言，苗族现在已没有太深的民族文化，尽管现在也开展了以民族语言为主的双语教学，但逐渐汉化的趋

图1-9 调研组入户调研、填写贫困户问卷

势还是越来越明显。

在贵溪村这个少数民族占绝对优势的苗寨里，调研组既没有感受到人们津津乐道的苗族待客的礼仪，也几乎看不到穿戴着民族服装的村民，倒是在县城的酒店里，为了招徕顾客或售卖民族特色物产的商家刻意让店员穿上了鲜艳的民族服饰并为进店的顾客奉上欢迎的米酒。

四 贵溪苗族的节庆

良上镇贵溪一带的苗族节庆较多，除春节、清明节、端午节、中秋节、重阳节等与汉族相同的节日外，最具代表性的有赶年场、赶秋场、芦笙节、赛歌会等节庆，这些节庆正是一个民族漫长历史中因袭相传的文化承载和本民族生产、生活内涵的真实写照。每年进入农历正月，当地

图1-10　苗民杀年猪

苗民会自行约定地点、日期赶场。"赶场"既是苗族一年中休闲欢聚的节日，也是各种民族文化元素交集的展示盛会。这天，男女老少身着盛装相聚，各地打把式卖艺的、民间歌手、舞狮子的、舞龙灯的都会赶来热闹，年场内人流如潮，异常热闹，人们坐秋千，看舞狮子、舞龙灯、武术、杂耍、刀梯，听歌手对歌，青年人也会在穿梭的异性中趁机物色心仪的人。

"赶秋"是当地苗族比较隆重的节庆。苗语中叫"赶秋场"，每年立秋这一天逢哪一个地方赶场，那个地方就是这一年的秋场，苗族群众穿着节日盛装，从四面八方络绎不绝地涌来，这个节日也叫"赶伙"。此时，还是庄稼成熟、丰收在望的时节，正是唐代诗人王驾《社日》中"鹅湖山下稻粱肥，豚栅鸡栖半掩扉。桑柘影斜春社散，家家扶得醉人归"中描述的情景，有喜庆丰收之意。特别是年轻人，三五成群，寻情会友。其他人则利用"赶秋"这一天，做点小生意，盼望借此增加收入，卖的也大多是自家的产出。这一天的"秋场"人头攒动，非常热闹。赶秋场除了舞狮及各种当地民间娱乐形式外，还有富有民族特色的打八人秋。这种秋千，高七八米，可以转动，一个秋千可坐单人也可坐双人。八人秋千用人力转动，当快速转动停下来谁在最高处，谁就要唱歌，如果不唱，摇秋千的人就不放他下来。每次秋场都会吸引十里八村的人前来观看。

芦笙节，是在整个贵州苗族当中一个热闹无比的节日，是黔东南苗族、侗族、瑶族欢庆的民族节日，在苗族的历史中，自古就有吹芦笙、跳芦笙舞的娱乐习俗。芦笙管又叫"孔明管"，据传是诸葛亮教苗族人民做的。有文献记载，早在唐代西南地区就广泛流行吹芦笙了，因此芦笙节具有悠久的历史，它是苗族人民的传统节日，是各地苗族人民喜迎新春，预祝一年风调雨顺、农业丰收的节日，也是苗族男女青年借此交友寻觅情侣的好时机。芦笙节在各地的举办时间各不相同，在黔东南州凯里三穗一带，芦笙节颇为盛大。芦笙节期间，按照约定俗成的风俗，男子穿对襟或右大襟短衣和长裤，头缠青布巾，腰束大带，手持芦笙、唢呐、铜鼓，涌向会场；姑娘们穿着绣有各色花纹、图案的衣裙，头缠青帕，腰束绣花彩带，佩戴银饰，说说笑笑相拥而来，伴随着芦笙的乐曲节拍翩翩起舞。

芦笙节于每年农历正月十六至二十一日举行，正月十六开始"起堂"，十七日集会，十八日、十九日、二十日跳芦笙，到二十一日芦笙节结束时，苗族男女青年进行"游方"活动，成双成对的情侣用对歌来传情达意，缠缠绵绵地给芦笙节留下来年再会的盟约。贵溪村党支部书记邰诗伦就是在芦笙节上通过唱歌与妻子相识、相恋，把妻子娶回家的，为了表达自己的钟情，邰诗伦的情歌唱了整整一天，赢得了爱人的心。芦笙节作为苗家盛大的节庆，老一辈的芦笙手，在芦笙节场地中央，吹着丈余高的母笙引导、伴奏。吹芦笙的小伙子按着悦耳的曲调，随吹随跳。姑娘们则在笙歌的节奏声中翩翩起舞。苗族的芦笙舞，具有浓郁苗族舞蹈的特色，由数十支芦笙组成，边吹边舞。吹大芦笙的在中间，吹小芦笙的在其周围围成一圈。人数多时，则围成数圈。开始时，用小芦笙吹奏序曲，声音清脆委婉，娓娓动听。当序曲将要结束时，小芦笙的吹奏者一跃而起，各种芦笙则围成一圈，同时齐奏。吹奏者也随声起舞，给人一种轻松活泼之感。

贵溪当地苗族的另一大节庆是"清明歌会"，这一发源于元朝初年历经四百年的少数民族歌会，在此期间见证了一个民族最为动荡、最为波折的沧桑转型史。随着现代社会的发展转型，即使是蛰居在深山中的民族，也会或多或少、或早或晚地受到现代文明的影响和冲击，自觉不自觉地渐次改变本民族原有的习俗和传承，特别是经济的全球化和现代科技、信息技术的普及，会把一个古老民族从近乎原始的生产、生活中拖曳出来，譬如手机的相对普及、微信在年轻人中越来越广泛的使用、光纤宽带的入村入户足可以改变村庄过去多年信息交流的方式，那些每年在外打工的人们，也会把在城市里接纳的新生事物带回到村庄里来。尽管文化载体及其形式是民族认同感的表现特征，但这种民族文化表现的特征正呈逐渐式微之势，从民族特色文化的角度审视像"清明歌会"这样掺杂传统民俗、文化内涵和农耕生活节奏的节庆活动，越来越钝化成一种带有少数民族象征意义的符号，特别是在村庄的年轻人那里，他们已没有多少参加这种属于本民族文化娱乐的兴趣了。对于一个少数民族村庄而言，"清明歌会"正成为过去一个似乎与世隔绝村寨的集体记忆，在今天，成了村里一些村民一年一度的古老生活的复演与重温。

邰诗伦回忆，过去用苗歌对唱的方式，表达和传递年轻人之间彼此的爱慕之情，那时他们在山坡上、在河两岸对唱，参加歌会的人都非常激动尽兴，想唱多久就唱多久，对歌对得晚了就在河边露宿，有时碰到强劲对手还会唱通宵，说着，邰诗伦随口哼起了小调"山间都是藤缠树，世上都是人缠人……"歌会随着时代慢慢地发生变化，现在年轻人大多外出打工，他们已经不再需要穿上民族服装通过在河两岸对歌来获得爱情了。

苗族歌会上所唱的歌词内容因参与人群的多样化呈现各不相同的内容和语义表达，展现的总是追求爱情和美好生活的愿望，表现的是积极向上、热情洋溢的场景。特别是每年清明时节的沿河民间对歌、民间民俗表演、民间文艺表演等，从其表现形式上看，依然沿袭着悠悠的古风和原始遗韵。参与对歌的群众头上插着青绿的柳条或是戴着长柳条编织的帽子，不知这是出于对逝者的祭祀、怀念还是源自一种古老的礼仪，现在也没有人能说出插柳条戴柳帽的原委了，但作为歌会中一种特有的习俗装束一直保存并传承了下来。一个民族的文化习俗总是在漫长的生产生活中逐渐形成的，在不断的岁月流转中，也总是会因时而化，之所以还没有被完全舍弃，是因为它还潜沉于民族的情感记忆中。虽然歌会的表现形式在适应历史的不断变化中被增减、被重塑，但是它要表达的核心内容还是没有改变。从某种意义上说，这是黔东南苗族地区民族文化自我观照、调适的结果，也是民族、区域、弱势文化应对强势文化挣扎生存的结果。

过去数百年直到现在，贵溪境内重峦叠嶂，沟壑纵横，坡高路陡，与外面的世界形成了天然的隔绝，正如苗族歌谣中唱到的："对门坡上岩对岩，婆娘娃崽穿草鞋，出门一声山歌子，进门一背块子柴。"在今天，这也是居住在大山寨子里的苗族、侗族百姓真实生活的描述，交通闭塞、自然条件差，造成了生产方式的落后，在刀耕火种、广种薄收的原始耕作中，歌声起到了"可以兴、可以观、可以群、可以怨"的实际效果，以歌传情，以歌达意，在生产劳动中创作的山歌，又在生产劳动中运用，正像《三穗县志》中所记载的："闻歌欢跃，劳而忘疲，其功效倍。"

三穗县苗民在大山中繁衍生息的历史，就像一条不舍昼夜的河流，在岁月的折冲迂回中呈现各种不同的文化形态，生活在这里的人们，他们无意去挖掘历史逝川之水遗留给他们的烙印，也不会对即将远逝的乡歌怀有太多的缱绻，时代不停地新陈代谢，正成为一个古老民族向前发展的强大牵引。文明空间脉络的发展策略与村风时空认知中的个体生活史，仿佛永远充满着矛盾。从一个民族历史发展的角度看，苗族人的迁徙、繁衍、生生不息的延续足够悠久，其历史可以追溯到上古的九黎部落、三苗时代，祖先崇拜可以追溯到族群广为认同的战神蚩尤。岁时节庆风俗在历史社会的阶段变化的同时，也在适应变换着自己的主题。远古洪荒社会里，自然在人们的面前裹着一层未被认知的神秘面纱，人们对自然的敬畏和顺应，导致了苗族人对自然图腾的崇拜和对神灵的祭祀。随着社会生产力的不断发展，人们渐渐将自然天时的认知回归到地域季节流转的属性上来，这种对自我认知和自然认知的提升逐渐让一个民族建立起了一套新的生活体系，这种新旧融合交错的生活秩序的存在和发展很大程度上是以本民族的节庆为支撑的。就像每户贵溪人在堂屋里设置的祭台上镌刻的"天地君亲师"牌位，随着君主社会的消亡，一些家庭已经把其中的"君"字改成了"国"字，尽管大多数家庭还沿袭着以往的旧制。不少家庭在祖先的祭台旁还张贴着习近平总书记夫妇的年画，在贵溪农民朴素的观念中，已把习近平当成那个和自己的生活息息相关的人，是能给自己的家庭带来福祉的伟人和领袖。

其实，无论是当地苗族的"赶场"、芦笙节上的"起堂"还是"清明歌会"都是在漫长历史的演进中形成的，节庆风俗在形制上的增减损益，它所承载的不仅是历史文化内涵的因袭变换，更是一个民族审美情趣、精神信仰、伦理关系、消费习惯的集中传承和发展。

第二章

贵溪村脱贫攻坚实践

第一节　精准识别：谁是贫困者

消除贫困、改善民生、实现共同富裕，是社会主义的本质要求，是我们党的重要使命。改革开放以来，经过30多年来全国范围有计划有组织的大规模开发式扶贫，我国贫困人口大量减少，贫困地区面貌发生显著变化，但扶贫开发工作依然面临十分艰巨而繁重的任务，截止到2015年底，我国现行标准下的农村贫困人口还有5575万人，而且贫困程度更深、脱贫难度更大、脱贫成本更高。脱贫攻坚已进入啃硬骨头、攻城拔寨的冲刺期。《中国农村扶贫开发纲要（2011~2020）》（以下简称《纲要》）指出："我国扶贫开发已经从以解决温饱问题为主要任务的阶段转入巩固温饱成果、加快脱贫致富、改善生态环境、提高发展能力、缩小发展差距的新阶段。"《纲要》对扶贫攻坚提出了更高的要求，扶贫开发进入习近平总书记所说的"精准扶贫"阶段，通过实施"六个精准""五个一批"等脱贫方略，到2020年实现现行标准下贫困县的全部退出和贫困人口的全部脱贫。在这种时间紧迫、任务繁重的形势下，各级党委和政府只有进一步增强紧迫感和主动性，在扶贫攻坚上进一步厘清思路、明确目标、落实责任，采取力度更大、针对性更强、作用更直接、效果更可持续的措施，特别要在精准扶贫、精准脱贫上下更大功夫，才能全面实现包括贫困人口在内的小康社会的建成。

从一个贫困村庄的维度上看，精准扶贫精准脱贫的实施被纳入县乡扶贫攻坚的整体布局和因村、因户、因人而制定的具体措施中。县、乡镇针对贫困村庄构建的扶贫帮扶机制中，包含了从政策、措施、目标、任务、考核到退出的方方面面，而且特别明确了县、乡镇、村在脱贫攻坚中的角色定位和各自的责任担当，县一级政府是区域内扶贫政策、措施的落实者，乡镇是具体扶贫措施到村、到户、到人的直接实施者，村庄做好扶贫措施落实的配合，其中包括配合镇政府做好贫困户及贫困人口的精准识别、上报和建档立卡。在贵溪村，可以看到，精准扶贫精准脱贫的政策措施实施正是遵循县、乡镇、村这一面、线、点的层层落实进行的，所以在下文的叙述中，对一个村庄脱贫实践的描述分析皆是基于县乡扶贫政策措施的层层落实展开的，至少在三穗县这一方面体现得特别突出，因为，撇开县乡扶贫政策措施、资金项目的督促、检查落实，一个村庄的扶贫脱贫将无从谈起。所以本报告涉及县乡扶贫脱贫政策制定、责任落实方面的叙述和分析。同时，对于贵州省作为脱贫攻坚的省级样本，其在精准扶贫精准脱贫方面的顶层设计所起的良好的政策导向也一并做简要阐述。

一 精准扶贫，首在精准识别

2016年，由贵州省人大常委会通过的《贵州省大扶贫条例》（以下简称《条例》）对贫困户及贫困人口的精准识别具有直接的指导意义。《条例》指出，扶贫对象是指符合国家扶贫标准的贫困人口，扶贫范围包括贫困县、贫困乡镇、贫困村等贫困地区和贫困户。扶贫对象以户为单位，由农村居民户向所在村民委员会申请，经村级初审、村民代表会议评议并公示，乡镇人民政府、街道办事处（社区）审核并公示后报县级人民政府审定。审定结果在农村居民户所在乡镇、村公告。每次公示、公告时间不得少于7日。

农村居民户对审核结果有异议的，可以在公示期内提出复核申请，乡镇人民政府、街道办事处（社区）应当进行调查、核实；农村居民户对审定结果有异议的，可以在公告期内提出复核申请，县级人民政府应当进行调查、核实。

《条例》同时还明确了镇村在精准识别贫困户和贫困人口方面应承担的责任：扶贫对象精准识别和脱贫认定实

行严格责任制，按照谁调查谁复核、谁审核谁负责的原则，建立分级签字确认制度，签字人对结果负直接责任。

在三穗县，把年人均收入低于3146元标准，或达不到"两不愁、三保障"（不愁吃、不愁穿，住房、教育、医疗得到基本保障）的群众定为贫困人口，把贫困发生率高于3%的村庄定为贫困村庄。根据这一标准，贵溪村的贫困户及贫困人口在精准识别上首先得到了准确的确认。

在对贫困户精准识别中，县级部门和乡镇作为实施主体，制定了严格翔实的指标体系，以村为单位对上报的贫困户情况进行彻底摸排。从贫困户的家庭收支、住房条件、教育程度、劳动力状况、健康状况、家庭成员构成、致贫原因、返贫可能、脱贫条件等多方面进行综合考量，经过多次测算和广泛讨论，然后对筛选出来的贫困户按照"三审两公示一公告"程序，确认无误后，开展建档立卡工作。

在对贫困户进行家庭真实收入的测算时，有时面临实际操作的困难。在贵溪村，因为大部分农户没有日常收支记录的习惯，很难测定其年人均收入的水平。有时贫困户和非贫困户之间的界限并不容易确定，在贵溪村干部看来，也许个别贫困户的实际生活水平比非贫困户还要好一些，比如，个别贫困户与子女的户口并不落在一起，却不妨碍这些在外地的子女对父母的接济；有的贫困户收入尚可，但因上学的子女多，学费花销大，家庭收入水平被拉至贫困线以下，这部分家庭和那些没有收入来源、仅靠低保生活的家庭也不一样。镇村在具体识别这些不同的贫困家庭时，也采用了贵州省推广的"四看法"识别机制，即一看房，通过看农户的实际居住条件和生活环境，评估其贫困程度；二看粮，通过考察农户的土地产出和生活条件，估算其农业收入和食品支出；三看劳动力强不强，主要通过看农户的劳动力状况和有无病残人口，测算其务工收入和医疗支出；四看家中有没有读书郎。通过"四看法"考察一个家庭有没有因贫失学的情况和因学致贫的情况发生，估算家庭未来的脱贫发展潜力。村干部和村民代表通过"四看法"对申请贫困户的家庭进行综合评议打分，确定后在村内进行张榜公示，公示无异议后上报并纳入精准扶贫建档立卡信息系统。建立健全扶贫对象精准识别机制，以便相关部门逐户逐人核查基本情况、致贫原因，依托精准扶贫大数据管理平台，形成对贫困县、贫困乡镇、贫困村和贫困户的建档立卡和动态管理。

在精准识别的过程中，科学有效的识别机制体制发挥了很好的作用，真正的好体制是一个顺乎自然的制度设计，并为这一制度的实施提供良好的规则和秩序。客观公正的原则、规范程序的设计、广泛的民主评议、严格的评估、群众的认可及社会认同，使贫困户的认定实现了真正意义上的精准。

二 村庄贫困的表象和实质

镇村按照《关于进一步做好扶贫开发与农村低保有效衔接的指导意见》，将确定好的贫困人口分为一般贫困户、低保贫困户、低保户、五保户。享受低保的对象又分为长期保障户、重点保障户和一般保障户。针对不同的贫困户，分别制定了不同的帮扶措施和确保如期脱贫的具体办法。对确因丧失劳动能力又无任何收入来源的老弱病残者实施社会保障兜底。

在对贵溪贫困户的调研中，我们发现这样一个现象：些贫困户的家庭中都有手机，有的家庭中还有老式的彩电和冰箱，甚至个别家庭还有摩托车，而一些刚刚脱贫的农户家中看起来比贫困户也好不到哪里去。这种贫困与非贫困之间难道仅以人均年收入 3146 元的标准来衡量吗？贫困确实是一个相对动态的概念。其表象和贫困的内涵之间既有联系又有不同。贫困其实是一个比较意义上的概念，就如同在饥饿的年代里人们的理想是温饱，能够达到温饱的就不算贫困；在温饱的年代里，人们的理想是小康，已经实现小康的就不算贫困；实现小康之后，人民的理想却是富裕。在即将全面建成小康社会的当下，有些家庭才刚刚解决了温饱，或者在奔向小康的道路上突然因病又陷入了贫困状态，这些家庭自然需要社会的帮扶，尽最大可能使他们也进入小康的序列中，这也是社会主义的本质要求。

贫困户家中的手机、彩电、冰箱之类，其实并不能说明这些家庭的贫困程度，当今社会普遍的科技进步使这些看似现代化的物件成为廉价品。从过去的柴、米、油、盐生活必需品到现在的手机、电视、摩托车甚至汽车、房子，这三十多年的生活巨变，不仅是一个家庭，也是中国几千年历史上发生的重要变革。可以肯定地说，现在在贵溪村，一般家庭的住房条件比 20 世纪 80 年代北大、清华年轻教师住的筒子楼条件要好得多。在当下，贫困条件发生了深刻的变化，为什么一个月收入达到 2000 元或两个家庭主要成员月收入达到 4000 元的家庭还会陷入贫困？因为他们的收入没有在当下的社会现实条件下达到健康或维持家庭正常收支的良性运转。所以我们在审视一个家庭或个体是否贫困时，不能仅仅看到他的家中尚有一台彩电或者摩托车，还应考虑现代经济生活发展的趋势，贫困人口是否在社会发展大趋势的序列之中。精准脱贫的要义正在于让贫困人口最终融入全面建成小康的社会序列中，共享社会的发展进步。正如习近平总书记所说："小康不小康，关键看老乡。"这些老乡正是农村的贫困家庭、贫困人口。

从温饱到小康到富裕，不同的社会群体、阶层会有不同的认识。随着社会层际分化的加深和贫穷代际传承的明显，消除贫困，改善民生，提高普通民众及贫困家庭对生活的满意度，使人们更多地感受到社会的公平正义，正是"五位一体"战略布局中社会建设的重要内涵。

第二节　把扶贫、惠民措施落到实处

在村庄的脱贫实践中，乡镇发挥着至关重要的作用。

乡镇一级党委、政府自身并不具备反哺贫困村的财力和产业支持，乡镇整个财政体系的运转完全是靠中央财政转移支付来维持的。但它是上级政府扶贫政策措施、资金项目的直接落实者，承担着帮困扶贫并在规定的时限内脱贫的方方面面的具体工作。在帮助贫困村完成贫困户精准识别后，接下来便是把县里拨付到乡镇的扶贫惠农资金精准发放到贫困户手中。这是一项政策性很强的工作，有许多明确具体的要求，如果完成得不好，将会受到问责。良上镇一位从事扶贫工作的干部告诉调研组，如果不能很好地掌握扶贫政策、文件精神和上级要求，你都无法开展工作，更谈不上应付上级层层的巡查、检查、考核了。为了把自治州、县里的扶贫资金项目、产业扶持政策落实到每一个贫困村，惠及每一个贫困户，良上镇党委、政府制定了一系列措施以保证扶贫的真实效果。

一 落实扶贫政策措施，要"不打折扣"

在三穗县良上镇，党委、政府在有效落实国家的相关扶贫政策及惠民措施时认为，首先在于学习领会政策精神，只有吃透政策、措施及相关的工作部署，才能让国家的好政策、惠民的好措施在落实的过程中不"缺斤少两"。为此，良上镇党委、政府定期或不定期地组织镇干部、同步小康干部、村干部等，以集中学习的形式，在传达相关政策、措施的同时，实现共同学习、准确理解把握。同时，再由领导班子分别带队到各村各寨各户去做进一步的宣讲。这一点，在贵溪村的会议记录本上得到了充分体现，"危房改造、易地扶贫搬迁、产业扶贫、低保"等政策宣讲的内容详尽完备，而在课题组入户调查时，也发现贫困户对于国家相关扶贫政策的知晓率比较高。

二 措施有效，要"把握方向"

如何实施措施，如何对症下药，进而治愈困扰百姓的"贫困顽疾"，关键在于"因地制宜、因户施策"。通过入户调查及深入分析贫困户的致贫原因，良上镇摸清了剩余贫困户的"病根"，并据此制定了"五个一批"战略实施计划，力争将贫困的顽疾彻底祛除。主要措施有：2017~2018 年，计划通过产业发展及就业扶持帮助 767 户 2680 人实现脱贫，教育扶持帮助 183 户 843 人实现脱贫，生态补偿（主要为护林员）帮助 72 户 291 人实现脱贫，易地扶贫搬迁帮助 308 户 1288 人实现脱贫，社会兜底 463 户 1387 人。同时，配合实施医疗补助相关措施，进一步加强脱贫成效。而细化到贵溪村贫困户的脱贫路径，则是计划通过社会兜底帮助 14 户 40 人实现脱贫，通过易地扶贫搬迁帮助 18 户 85 人脱贫，通过生态补偿（护林员）帮助 2 户 7 人脱贫，通过教育扶持帮助 8 户 33 人脱贫，通过产业及就业扶持帮助 25 户 84 人脱贫。这些指令很强的脱贫任务和指标，被层层分解下去，落实到每一个脱贫干部身上，并要求在规定的时限内帮扶全部的贫困户脱离贫困。仅以易地扶贫搬迁为例，三穗县在县城城区边上建起了数十栋贫困户易地搬迁安置房，并承诺一家安置一人就业，保证搬得出，住得下，有工作，生活有保障。教育的扶贫也是实实在在的，其从资金上保证每一户贫困户子女不因家庭贫困而辍学，在良上镇中心小学，在校寄宿的贫困户子女每餐享受4元钱的生活补助，党委、政府扶贫政策的阳光照到了贫困家庭的方方面面。

三 保证稳定脱贫，还需"定期回头看"

在贵溪村，贫困户和非贫困户之间的界限并不明显。一些按照现行标准刚刚脱贫的农户很可能因一场意外的疾病、牲畜的瘟疫或灾害天气而重返贫困。为防止贫困户在脱贫后又返贫，巩固脱贫成效，做到"扶上马、送一程"，在落实"贫困户脱贫两年内仍能继续享受相关扶贫政策"的基础上，良上镇一方面定期组织干部到脱贫户家中进行回访，深入了解脱贫户当前生活中存在的困难和需要解决的问题，另一方面大力对"技能直补（主要为贫困户或脱贫户获得职业技能证书的相关补助）、就业技能培训、就业岗位、产业直补（主要为贫困户发展产业的补助）、大病救助、教育补助"等相关政策进行需求摸底和政策宣传，确保实现"稳定"脱贫。

第三节 "居者有其屋"：贵溪人对安居乐业的理解

一 贵溪村的新寨与旧寨

贵溪村百姓的住宅分布于贵溪、大榜坡、贵九年三个自然寨子中。无论是寨子里的苗族还是侗族，大多居住在依山而建的吊脚楼或是木制的房子中。这些房子或经余年，沉淀着岁月的悠远印记，颜色已变得乌黑；或是最近十年建成，立柱和杉木的板材上还留存着浅黄的清漆；但更多新建的带混凝土圈梁及铝合金门窗的楼房和江南汉族的楼房民居已没有任何区别。从贵溪自然寨中迁到乡间公路两侧建起的楼房最能体现村民住宅的变化，这些矗立在通往镇政府公路两旁的砖混结构的楼房，高低错落，鳞次

图 2-1 贵溪大榜坡自然寨的吊脚楼

栉比，大大小小有几十栋，已颇有些小城镇建设的气象和格局，这些楼房朝向各异，大多为二、三、四层不等，被贵溪人称为"新寨"。

如果从"新寨"的房子看，很难把贵溪人和贫困联系起来。在贵溪村，人均居住面积超过40平方米，新建楼房的农户人均居住面积还要高于这个数。自然寨中破旧的木屋和"新寨"高大的楼房形成了鲜明的对比。

二 贵溪人的大房子

村支部书记邰诗伦新建的楼房就位于公路的一侧，加上低于公路路面的一层算起来共有四层，240多平方米，足够一家四口居住。村中曾令谋一家，是贵溪村中仅有的两户汉族之一，他家的房子则完全按苗族木屋的制式修

图2-2 贵溪村民沿河新建的楼房

建，上下三层，足有 300 多平方米，大大小小有 16 个房间，房间、走廊、楼梯皆用厚厚的杉木板拼装而成，看起来颇显豪华，而且房屋位置极佳，位于公路一侧，靠山面水，视野开阔。2017 年春天刚刚从贵溪山寨中搬到路旁楼房居住的邰书坤一家，两个儿子常年在外打工，联排而建的楼房有四层，450 多平方米，大小有 20 多个房间，仅厨房就有 20 多平方米。两个儿子的户口和父亲邰书坤还在一起，全家 13 口住在这所大房子里。

刚刚摆脱了贫困的贵溪人为什么要盖这么大的房子？这大概源于当地百姓对"安居方能乐业"的深度认同和某种程度的攀比心理：你家修得大，我还要超过你。并不是因为有足够的盖房资金。曾令谋一家建造的木屋还没有完工，就已花费了 37 万元，除了自有的几万元资金，仅从信用社获得的无息贷款就有 18 万元之多，其余大多是从

图 2-3 曾令谋家的苗族木制房屋

亲戚朋友处借来的。2016年，曾令谋一家的纯收入仅2万余元，日常支出花了几千元，亲戚朋友随份子花了3000元。妻子在广东清远烧焦炭，每月能挣4000多元，除去开销尚能剩2800元。因常年有病，曾令谋不能外出打工，他说，让他欣慰的是，近来身体争气，病情稳定，没因吃药花太多钱。曾令谋对现在的生活非常满意，说政府对他支持很大，盖这么大的房子政府支持了大头，否则连想都不敢想，与亲戚朋友比起来，他觉得自家算得上是中等人家了。

村支部书记邰诗伦家盖的楼房前后花了20多万元，从镇上信用社贷了8万元，又从亲戚朋友处借了一些，而他一家月收入加上种地的产出也仅有1500多元。邰书坤一家算是村中经济条件比较好的，因两个儿子在外打工，每月都有固定的收入，但也从信用社贷了10万元。

良上镇党委书记杨程涵认为，贵溪当地人注重修房子，攀比心理严重，但也反映了摆脱贫困的农民对美好生活的向往和对改善居住条件的强烈愿望。有一种观点认为，农村房子建好的时候就是贬值的时候。但盖房子的农民不这样看，在有限的地基上，如果仅盖两层房子，未免太浪费，还不如一气盖三层、四层，而且也用得上，他们觉得建了这么大的房子，这辈子再也不用为房子的事犯愁了。

三　白云深处的人家

贵溪村的寨子大多掩映于大山之中，在通往寨子里的

图2-4　大山深处的人家

水泥路修通之前，外人很难发现大山深处的苗族村寨。离通往镇上公路最远的寨子是贵九年自然寨，从乡间公路拐进山谷四五公里，沿山路上行。在竹木环绕的山坡上，错落地分布着几十栋木制的房子，这便是聚族而居的贵九年。乍一进寨子，颇有些世外桃源的感觉，山间云雾缭绕，松林密布，万籁无声，除了偶尔几声犬吠鸡鸣，一切归于寂静之中。贵九年深居大山，消匿了外界的一切尘杂和喧嚣，保留了苗寨侗乡最原始的风貌。这个寨子几年前曾发生过一场火灾，烧掉了不少房子，这里的不少房子也都是几年前建造的，房子看起来并不算太旧，因此这个寨子中往山下搬迁的人并不多。

因为是冬天，又值阴雨，在寨子的木屋里，更显得阴冷、潮湿、昏暗。每家房子堂屋一侧的厨房中间都有一个火塘，火塘上面照例是熏制的黑黑的腊肉，这是苗寨里过

图 2-5 贵溪村民家中火塘上方熏制的腊肉

图 2-6 贵九年寨子里嬉戏的儿童

节的年货，火塘中烧着几根粗粗的杉木，发出噼噼啪啪的
声响，火光映红了围塘烤火的村民的脸。这个寨子里的十
几户人家，大多没有从信用社贷款，因为担心缺乏经济
来源，贷了到时候还不上。调研组与几户人家交谈，他们

也大多没有搬迁的想法，在山下建房子需要钱，借了，靠什么还呢？经济拮据成为贵九年百姓往山下搬迁的最大困扰，生长于斯的老人们则是完全习惯了这里的山山水水，舍不得离开这里。这与贵溪寨子里山下建房的村民又有所不同。

调研组进寨子的时节虽已近 2016 年农历腊月的小年，不少住户家中的木门却还上着锁，外出打工的村民还没有回来，几个已放寒假的孩子挤在一间木屋的沙发上嬉戏。

第四节 "六个精准""五个一批"之于贵溪的路径

2015 年 10 月 26 日，十八届五中全会第五次全体会议将"扶贫"攻坚改为"脱贫"攻坚，对 1986 年就已开始的扶贫开发工作做出了准确的目标设定。到 2020 年，实现现有标准下贫困县的退出和贫困人口的全部脱贫成为一项必须完成的国家战略。在会议召开前不久的 10 月 16 日，习近平总书记在 2015 减贫与发展高层论坛的主旨演讲中，首次提出"五个一批"的论述，并对"精准扶贫"方略进行了深刻阐释。习近平指出，实施精准扶贫方略重点要抓好六个精准，即扶持对象精准、项目安排精准、资金使用精准、措施到户精准、因村派人精准、脱贫成效精准，确保各项政策好处落到扶贫对象身上。他同时指出，注重六个精准，坚持分类施策，因人因地施策，因贫困原因施策，因贫困类型施策，"通过扶持生产和就业发展一批，通过异地搬迁安置一批，通过生态保护脱贫一批，通过教育扶贫脱贫一批，通过低保政策兜底一批，广泛动员全社会力量参与扶贫"。"六个精准""五个一批"既是国家脱贫攻坚的宏观方略，也包含了扶贫脱贫措施实施的具体路径，为县乡等基层部门扶贫脱贫工作的开展确定了目标、方向和要求。

做到"六个精准"，实施"五个一批"，实现贫困户和贫困人口的"两不愁""三保障"（不愁吃、不愁穿，住房、教育、基本医疗得到保障），从一个村庄的层面上看，村子虽小，也包含着"六个精准""五个一批"所包括的方方面面，包含着一个村庄实施精准扶贫、精准脱贫的路径选择。大至每一个村庄的贫困状况和类型、贫困人口的数量、贫困发生率的高低、资源禀赋的优劣，小至每一户家庭的致贫原因、每一个贫困人口的脱贫之策，都需要做认真、科学的梳理、鉴别并制定适合的办法措施，以政府为主导的脱贫攻坚，包含了政策落实和措施实施的具体内容。

在贵溪村，"六个精准""五个一批"的实施路径，正是县乡之于攻坚脱贫政策、措施的对照、落实。从一个村庄的层面上讲，依靠自身力量实现扶贫脱贫的目标难度很大，脱贫攻坚在当下是一项政策性强的政治任务和民心工程，中央、省一级党委和政府对此项工作的顶层设计，市、县、乡三级的层层落实，形成了一套科学完备的体制机制。在三穗县良上镇，村庄脱贫攻坚中要求的"六个精准""五个一批"正是在这一框架下实施的。从贫困家庭、贫困人口的精准识别到脱贫帮困的精准施策，到具体的项目资金安排、多层级扶贫干部的选派入村、贫困户对扶贫满意度的反馈，一直到对帮扶成效的目标考核，都有一套完整的政策措施体系，以确保各项政策好处落到扶贫对象身上。在具体实施中，对贵溪村具备一定劳动能力的贫困户实施产业和就业帮扶，在贵溪村，仅稻田养鱼项目一项，就让125户贫困户及非贫困户562人受惠，其中涵盖88户贫困户200多人。对贫困户实施的教育、医疗、危房改造三保障工程，通过对贵溪村贫困户的入户排查，无一户贫困户家庭子女因贫辍学，农村合作医疗、大病救助缴费率实现100%，针对贫困户家庭实施的危房改造，解决了大部分群众的住房安全问题。村中张达俊一家三个孩子上学，一家六口住在50多年前的破旧木屋中，房子四面透风，自身根本无力解决危房改造，如今，其在镇村实施的贫困户危房改造工程中最先受益，80多平方米的二层砖混小楼已经在山脚下的河滩上建成。村中剩余13户危房户正在规划改造中。易地搬迁安置则根据贫困户意愿在三穗县城的集中安置区进行安置，同时一户家庭中至少确保一人得到就业安置，保障贫困户搬得出、住得下、有工作。目前村中已有3户15人自愿参加异地扶贫搬迁。以生态保护脱贫的村民在贵溪村人数不多，对于土地不易于耕种、需要退耕还林的贫困户，则通过生态补偿让其成为护林员，每月发放工资使其脱离贫困，每个护林员每月有800元的固定收入，贵溪村有两户7人借此脱贫。对于那些失去劳动能力的五保户、低保户及老弱病残者，最终通过社会低保政策兜底使其住房、生活、医疗得到基本保障。"五个一批"中，重点通过发展产业引导贫困户实现脱贫致富，而贵溪村具备劳动能力的贫困者大多为文盲和半文盲，劳动技能缺失，思想保守，加之长期困守大山，与外界沟通交流少。良上镇联系县级致富带头人对贵溪村两委成员、具备一定劳动能力的贫困户和有意发展产业的村民进行农业实用技术培训，邀请专家到贵溪村讲课，讲授种植、养殖技术和有关市场方面的知识，通过提升自身能力、融入产业发展摆脱贫困。此外，三穗县还为县域内贫困户提供用于发展产业的、由政府财政贴息三年的"特惠贷"，每户可申请资金5万元，仅良上镇发放给贫困户的"特惠贷"资金就达3305万元。

县、乡党委、政府专为贫困户提供的政策、资金、技术方面的支持是多层面全方位的，涉及生产、生活、住房、医疗、教育等方面，驻村扶贫干部还进一步强化了与贫困户的沟通联系，从定期上门走访，到直接参与，帮助他们发展生产、进行家庭环境卫生整治、到贫困户家庭辅导孩子学习等。在贵溪村，既有省卫计委派驻村里的第一书记，也有县直部门派驻的包村干部，同时良上镇也专门派遣两名得力干部直接服务于和"六个精准""五个一批"等扶贫政策措施有关的具体事务，各个层级的扶贫举措皆指向早日脱贫的目标，县、乡党委、政府决胜脱贫攻坚战的决心和措施超过了三十年来农村贫困治理的任何一个时期。

第三章

县乡脱贫攻坚措施举要

第一节　三穗县：脱贫政策和措施的落实者

一　三穗县概况

三穗县位于贵州省东部，隶属黔东南苗族侗族自治州，素有"黔东要塞""千里苗疆门户"之称。土地面积1035平方公里，辖7镇2乡,159个行政村，总人口22万，其中农业人口占89%，少数民族人口占75%。三穗县作为国家级贫困县，农业人口和少数民族人口居多，人口总体文化程度偏低，贫困程度深，是国家592个扶贫开发工作重点县之一，截至2017年初，全县有76个贫困村、3.34万贫困人口。

"十三五"以来，三穗县把脱贫攻坚作为统揽经济社会发展全局的总抓手，把脱贫攻坚作为"第一民生工程"，确立了总的脱贫目标：到 2020 年全县贫困村和贫困人口全部出列和脱贫，农民人均可支配收入 1.33 万元以上，比贵州省定的标准高出 5300 元，扶贫对象实现"两不愁、三保障"，基本公共服务主要指标达到全国平均水平，城乡差距扩大趋势得到根本扭转，经济社会与生态环境均衡发展，与全国同步建成小康社会。

县一级党委、政府在扶贫开发工作中承担着主体责任。乡镇一级党委、政府承担着扶贫措施实施的具体责任。这是党委和政府对县乡扶贫攻坚责任的角色界定。根据这一要求，三穗县成立了以县委书记、县长为双组长的脱贫攻坚领导小组，这是脱贫攻坚中上级要求的领导组织构架，同时还设立了脱贫攻坚指挥部和易地移民攻坚指挥部，分别由一名副县级领导任指挥长，县扶贫开发领导小组根据工作需要随时召开会议研究解决问题。三穗县同时建立起了全县干部结对帮扶机制，实行部分县委常委包乡镇，县级领导包村，乡科级干部包户，机关、企事业单位干部包人的"四包"工作机制。根据县域贫困实际，制定本县脱贫攻坚工作目标，深入落实省、自治州的扶贫政策、措施，绘制全县脱贫攻坚的时间表、路线图和实施方略。三穗县制定出台了《三穗县"十三五"脱贫攻坚专项规划》《关于坚决打赢扶贫攻坚战确保同步全面建成小康社会的实施意见》《三穗县扶持生产和就业推进精准扶贫实施意见》等 25 个专项扶贫方案和系列政策配套文件，定目标、定责任、定措施，明确了"扶持谁""谁来扶""怎样扶"的问题，为全县有效开展扶贫攻坚标明方向，使扶贫政策、措施的落实做到有的放矢。

特别是从 2014 年起，贵州省按照"乡镇申报、县级审批、乡村实施、乡镇初检、县级验收、乡级报账"的原则，全面实现目标、任务、资金和权责"四到县"制度，使县一级党委、政府对扶贫工作的责任落实更加直接、明确，指导、检查、督促、考核乡镇脱贫攻坚指标完成情况的工作更加量化具体。贵州省《关于改革创新财政专项扶贫资金管理的指导意见》，明确了对下拨扶贫资金分配和使用方式的规定，由县一级政府直接分配调度扶贫专项资金，分配到县的资金由政府根据年度贫困退出目标任务，按照指导意见规定投向直接分配到乡镇、村，绩效考核、项目管理费等资金也由县里负责直接分配到镇、村。

按照扶贫资金分配使用方式的规定，遵循"3∶3∶1∶1∶2"的比例投向五个方面：30% 用于产业扶贫；30% 用于扶持农民专业合作社、村集体经济组织，带动贫困户发展到村到户生产经营项目和公益性民生项目；10% 用于小额扶贫"特惠贷"的贴息，而且明确要求落实到村到户；10% 用于针对贫困户的扶贫培训；20% 用于改善贫困村、贫困户生产生活条件，支持贫困村以下小型公益基础设施建设。扶贫资金分配使用的规定也使县一级政府对每一笔资金的划拨工作更加明确、具体，县、乡镇、村三级形成了扶贫攻坚工作的面、线、点的基层扶贫工作格局和层级关系。因此，了解、明晰县级政府作为扶贫政策、措施落实者的职能，有助于厘清县作为扶贫脱贫最直接的主导者和乡镇作为直接实施者的角色差异。

县委、县政府作为全县脱贫攻坚任务的主体责任者，在绘就脱贫攻坚蓝图，制定脱贫攻坚目标、路线图和时间表的同时，还制定了一系列行之有效的脱贫攻坚措施，着力推进全县脱贫攻坚工作的执行落实。

二 三穗县落实脱贫攻坚政策，确保措施、效果到位

（1）建立一支有力的脱贫攻坚队伍，保证工作进展。三穗县委抽调20余名精干力量到脱贫攻坚指挥部和易地移民搬迁指挥部集中办公，加强两个指挥部的调度协调力度；县里和乡镇分别抽调农业、林业、建设等部门职称高、技术强的人员组成产业发展专家库，为全县产业发展规划、产业实施提供全程服务；各乡镇成立扶贫工作机构，每个乡镇明确编制3名，通过招考、转岗充实人员。同时明确乡镇1/3的干部专职扶贫工作；每个贫困村均从县直部门选派党性强、有能力、工作积极性高的党员干部任村第一书记，每个单位均选派1名以上能力强的干部脱产常驻贫困村开展帮扶工作。

（2）加大扶贫资金投入，解决好发展的首要问题。借助国家对脱贫攻坚强有力的政策、资金支持，积极争取上级部门加大对县里财政扶贫资金的投入力度；加强与定点帮扶三穗县的深圳华侨城、杭州江干区以及帮扶县里的省、州部门的协调联系，争取支持；整合部分涉农资金集

图3-1　三穗县建设的异地扶贫搬迁安置楼

中开展脱贫攻坚工作，形成"多管进水，一管出水"的资金筹集和使用渠道；完善金融扶贫融资平台，与金融机构合作，实施"特惠贷"、农业保险和自然灾害保险政策；向省脱贫攻坚基金融资贷款发展产业和开展基础设施建设；县、乡镇成立扶贫开发公司，多渠道融资用于扶贫工作。2016年，三穗县累计投入各类扶贫资金8000万元，2017年投入的扶贫资金超过1亿元。

（3）强化对扶贫工作的考核奖惩，保证部署工作落到实处。三穗县通过建立完善脱贫攻坚目标考核机制、主要领导负责制和问责制，对县直部门和乡镇领导班子及成员实行扶贫工作实绩"一票否决制"，把扶贫工作的实绩作为对乡镇领导干部考核奖惩、选拔任用的重要依据，对扶贫攻坚期间表现优秀、符合条件的优先提拔任用，对未完成年度减贫任务的乡镇主要党政领导进行问责，对落实不力或者弄虚作假搞"数字脱贫"的严肃追究责任；对扶贫工作特别是产业扶贫项目实行密集督查，定期一旬一督查，根据需要随时督查，及时通报，对存在的问题要求限时整改，督查情况纳入平时考核。

（4）抓实脱贫攻坚的产业载体，多管齐下，重点突破。产业扶贫是整个脱贫工作的主要抓手，三穗县凝聚各方力量集中抓好产业扶贫项目的落实。①全县把"1+3+X"作为产业扶贫主攻方向，即主攻一个主导产业——"三穗鸭"养殖，扶持一个优势产业——"商品蔬菜、绿色有机稻米、精品水果"，推进若干辅助产业——"猪、牛、羊、竹鼠"养殖等。②重点做好移民搬迁扶贫。2016 年，全县建成三个移民安置点，搬迁 1073 户 5099 人，通过推行"城市资源带、龙头企业带、就业创业带"保障移民的搬迁后续发展。③抓教育扶贫，减轻贫困家庭的教育支出。三穗县通过制定出台《关于加强农村贫困学生资助推进教育精准扶贫的实施方案》，将农村贫困生资助纳入年度财政预算，2016 年全县共发放各类助学金 2043 万元，大学生生源地助学贷款 973 万元。④抓生态扶贫。重点通过天然林保护、退耕还林、水土保持等措施加大对贫困户的扶持力度，利用生态补偿和生态工程保护资金聘用 373 名贫困群众为护林员，同时发展林下经济，带动 3000 多户贫困户增收。⑤对无业可扶、无力脱贫者抓好社会兜底扶贫。通过对社会兜底对象的识别复核，真正把年老体弱、重度残疾、鳏、寡、孤、独者等弱势群体纳入社会兜底范畴，做到一户不留、一人不漏、应兜尽兜。目前，三穗县已完成9909人的"两无"民政低保兜底工作任务。⑥抓好医疗扶贫，减少因病致贫返贫现象。三穗县通过基本医疗保险、大病保险、医疗救助"三重医疗保障"，遏制和减少农村因病致贫、因病返贫的情况发生。2016年，医疗救助保障对象参加合作医疗10891人，11类精准扶贫救助对象认定10769人，总救助17817人次677万元。⑦抓社会扶贫，提高贫困户就业。通过争取杭州江干区、深圳华侨城帮扶项目九个，资金445万元，争取到民间资本投入脱贫资金3600万元，带动就业2000人。⑧抓好基础设施建设，在路、网、水、电等方面完善提升，助力贫困镇村脱贫攻坚。2016年，三穗县投入3亿多元，实施农村基础设施建设，重点解决小康水、小康路、小康电、小康房、小康寨、小康讯"六小进农家"，解决好道路畅通、饮水安全、电力供应、贫困户安居、危房改造、村庄通信畅达等事项。⑨重视金融扶贫。积极拓宽扶贫开发新的资金渠道，引导银行机构、担保机构、投资中介机构入驻三穗，建成多层次、可持续的农村支付服务体系。由县财政出资3000万元建立的"特惠贷"风险补偿资金，向5000多户贫困户发放"特惠贷"贷款2.3亿元，组建了6家融资和产业平台，获得银行授信30亿元，确保了脱贫攻坚的资金需求。

三　三穗县扶贫攻坚面临的问题及困难

三穗县是国家级贫困县，贫困的累积时间长，贫困面大。在国家、省、自治州大的扶贫攻坚战略框架下，三穗县结合自身实际，用足用好国家扶贫政策，制定适合本县的脱贫攻坚措施，并针对贫困家庭、贫困人口实际实施多渠道、全方位的帮困扶贫，但在脱贫攻坚工作过程中也面临一些实际的困难和问题。从贫困人口的规模看，贫困人口占比大，贫困发生率高，脱贫攻坚任务艰巨。从扶贫对象看，绝大多数贫困人口为少数民族，受教育程度低，文化基础差，观念落后，思想保守，大多居住在远离政治、经济、文化中心的边远山区，产业发展技能缺失，在既定时间内实现全面脱贫压力大。从扶贫措施看，贫困地区的产业经济几乎是从零开始，短时间内收到明显效果的难度较大，现代高效农业以及规模化种植、养殖的推广受到诸多客观条件的限制，小规模的产业扶贫项目因科技含量不高，带动贫困户脱贫效果不明显。在面临的诸多困难面前，三穗县通过成立具有互助功能的农村合作社助力贫困户脱贫，农户参与积极性高，收到了好的效果。

合作社模式助力贫困户脱贫致富

三穗县根据县域经济的自然资源优势和劳动力状况等工作实际，按照"一村一策、一户一法"要求，摸索出了一条"合作社＋贫困户"的产业帮扶模式，帮助贫困户脱贫致富。

一、精选优势产业，成立专业合作社

三穗县目前有22万人口，其中，常年外出务工人员达8万以上。这些人中，有不少通过多年打拼，积累了一定的资金和技术。在全县上下开展精准扶贫有效脱贫的攻坚战中，县部分外出务工人员在县委、县政府的大力号召、鼓励和支持下，纷纷返回家乡合资创业，利用当地资源优势，结合国家当下扶贫好政策，积极实施发展产业项目或创办合作社，助力家乡脱贫。在选择扶贫产业时，这些有想法、有干劲的"能人"紧紧围绕市场行情，选择市场前景好的生态种养殖及旅游行业作为优势产业来成立专业合作社。这其中的成功代表之一就是三穗县康源生态养殖专业合作社。

康源生态养殖专业合作社成立于 2015 年 5 月，占地面积 260 亩，现已完成总投资 680 万元，规划未来投资5000 万元建设成为集生态养殖、生态种植、生态休闲旅游观光为一体的综合性"农文旅"示范基地。"我们在广东做这个水产养殖三十多年了，现在我们回到家乡发展这个种苗场，目的就是把种苗推向整个三穗，甚至推向省、州，带动家乡的一些贫困户脱贫"，合作社负责人之一吴启平如是说。

二、立足精准扶贫，带领贫困群众脱贫致富

成立专业合作社，围绕"资金跟着穷人走、穷人跟着能人走、能人跟着产业走、产业跟着市场走"的脱贫致富思路，"能人"们凭借"合作社＋贫困户"的模式，在带领群众脱贫致富的道路上实现了弯道超车和后发赶超。

康源生态养殖专业合作社由退伍军人吴启平和田维江合资成立，带着退伍军人的干劲，立足"精准扶贫"工作，通过"合作社"引领，"辐射"带动农户68户，其中贫困户就有58户。具体做法有三种：一是承包出租方式：合作社直接承包农户田地，按照700元／（亩·年）来计算，这一价格比市场价直接高出200元／（亩·年），农户反响强烈，纷纷出租自家田地，获取租金。二是入股方式：农户以土地入股合作社，量化为相应股份，年底收益时按股分成；同时，通过扶贫资金量化到贫困户，再把资金入股合作社的方式，将量化入股扶贫资金收益的60%用于分红。2015年，通过扶贫资金入股合作社方式，已投入扶贫资金40余万元，年底实现分红4万元，58户贫困户户均分红700余元。三是"利润化分成"模式：按照入股社员数量，直接采取分成模式，第一年500元／户，第二年600元／户，以后根据经营状况逐年递增。

通过不断发展，目前，该基地建设有办公楼一栋、猪舍2500平方米、鱼塘12口40余亩、育苗孵化池4个；工作人员15名，含高级水产工程师、牲畜医生、饲养员、技术员等。

康源生态养殖专业合作社的创建投产，也得到了三穗县党委、政府的积极鼓励和支持，在谈到今后的发展时，吴启平和田维江等人也是信心满满，他们表示，在当前脱贫攻坚大好形势及惠民政策的引领下，将积极打开市场销售渠道，增加生产量，争取到2017年商品猪养殖出栏数达3000余头，产值达到600万元。完成1000万元总投资建设鱼苗孵化基地，产育苗

2000 万尾，产值达到 200 万元。在基地发展的同时，让更多的人参与到合作社就业，带领更多的农户脱贫致富。

三、挖潜力 找良方 扶贫模式"闪金光"

"合作社＋贫困户"精准扶贫模式，扶贫成效显著，也得到各级各部门的大力支持。各单位各部门在参与精准扶贫有效脱贫和驻村帮扶工作时，坚持把农民专业合作社作为引领农民参与市场竞争、带领农民调整种植结构、帮助农民增收致富实现脱贫的重要"纽带"。截至 2017 年，三穗县已成立 176 家农业专业合作社，覆盖农户 9126 户，其中建档立卡贫困户 6863 户。农民专业合作社通过"合作社＋贫困户"模式，主要发展蔬菜、中药材、特色养殖、精品水果、旅游等"十大特色产业"，年总产值达到 1.02 亿元。"合作社＋贫困户"模式在带领贫困群众脱贫致富的道路上，正在发挥越来越重要的作用。

第二节　良上镇：上面千条线，下面一根针

贵溪村所属的良上镇与该村相距 4 公里，交通十分便捷。镇政府所在地位于三穗县城南部，北距县城 35 公里。良上镇东与瓦寨镇相邻，南与剑河县接壤，西与台烈镇相

图 3-2　群山环抱中的良上镇政府一角

连，北与长吉乡交界，镇域呈长条状分布于崇山峻岭之中，由巴冶、良上、稿桥三个小乡合并而成。全镇气候温暖湿润，无霜期达 290 天，年平均气温 15 摄氏度，适合农业生产，全镇所处海拔在 760~1470 米，全县最高峰老山坡正位于良上镇境内。

全镇有 8 个行政村，128 个村民组，48 个自然寨，现有人口 20657 人，少数民族占总人口的 98.16％，是一个以苗族为主的少数民族聚居镇。全镇总面积 132.78 平方公里，有耕地面积 7614 亩，其中，田 5859 亩，土地 1755 亩，人均耕地 0.43 亩。有荒山 37303 亩，其中可开发利用的有 15000 余亩。

作为一个经济欠发达的传统农业乡镇，良上镇被列为国家二类贫困乡镇。自国家精准扶贫、精准脱贫政策实施以来，全镇建档立卡的贫困人口有 2438 户 9203 人，几乎占到全镇人口的一半。经过 2014~2016 年三年的脱贫攻坚，减贫 645 户 2714 人，现有贫困人口 1793 户 6489 人，其中含民政兜底的 463 户 1387 人，贫困发生率高达 33.03%。

在以政府为主导的脱贫攻坚中，乡镇作为行政构架中最基层的一级政府，是省、州、县各级政府脱贫攻坚政策最直接的贯彻落实者。在良上镇，一切惠及贫困户的政策措施都是在村庄配合下由镇党委、政府主导实施的。良上镇针对乡镇实际制定的脱贫目标是"2018 年底实现乡镇脱贫摘帽、贫困村退出，贫困人口全部脱贫，贫困发生率控制在 3% 以内"。这对于产业基础异常薄弱的良上镇来说，可谓任务艰巨，时间紧迫。

图 3-3　良上镇设立的脱贫攻坚倒计时牌

作为上级扶贫政策决定、指示精神、扶贫措施、进村入户、评比验收最直接的实施者，近几年中，上级有关扶贫脱贫的文件、政策、措施非常多，镇党政班子成员首先需要谙悉政策精神并做好及时贯彻传达，让"党的声音进万家，党的政策惠万户"，制定明晰的脱贫攻坚时间表、路线图和有效的措施，以保证脱贫攻坚目标的如期完成。到 2016 年底，良上镇已实现 645 户 2714 人脱贫，贫困发生率下降了 13.8%（按 2014 年底农村户籍人口计算），2017 年良上镇计划脱贫 364 户 1531 人，完成易地扶贫搬迁 301 户 1035 人，实现贵溪村出列，全镇人均可支配收入从 2016 年的 7118 元提高到 8000 元以上，力争实现全镇"摘帽"。2018 年，剩余 14 个贫困村（一个行政村中有的由几个小村组成）全部出列，剩余贫困人口 1793 户 6489 人（含民政兜底 463 户 1387 人）全部脱贫。

贵州省自 2014 年以来，改革中央和省级扶贫资金管理使用机制，将项目审批落实的权力下放到县，并确立了扶贫目标、任务、资金、权责"四到县"制度，对于财政专项资金的使用实行"乡镇申报、县级审批、乡村实施、乡镇初检、县级验收、乡级报账"，在这种管理体制下，乡镇成为县级扶贫资金划拨，扶贫项目审核上报，贫困村、贫困人口确定与帮扶措施制定的实施主体，同时乡镇干部也成为直接面对贫困村、贫困家庭、贫困人口的第一线扶贫力量。良上镇党委书记杨程涵坦言，镇一级党委、政府除了要全面领会和把握中央、省、自治州、县的扶贫政策、措施及各种指示精神并做好传达之外，更重要的是抓好落实，让扶贫政策惠及到村到户到人，县里每一个常委挂包一个乡镇，每一个县直部门都有挂包扶贫的村庄和派驻的干部，每一个村都有上级派驻的"第一书记"，但具体的扶贫事宜都要由镇上事无巨细地负责协调统筹，党委、政府实行双组长制，书记、镇长分别担任扶贫攻坚小组的组长，实施一岗双责，乡镇9名班子成员分别任小组副组长，并担任贫困村的专职扶贫站长。由于人员少，镇上贫困户多，工作量大，扶贫工作要求又特别高，双休日不休成为工作常态，加班加点更是乡镇工作的"家常便饭"，人们常常用"上面千条线，下面一根针"来形容乡镇的工作，再形象不过了。

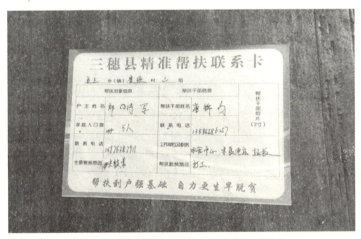

图3-4　贴在每家贫困户门上的帮扶联系卡

精准扶贫，贵在精准到户到人；精准脱贫，贵在因村、因户、因人施策。良上镇30名乡镇干部目前对应6489名建档立卡的贫困人口，要争取实现这些贫困人口在2018年底全面脱贫，同时要防止脱贫后有可能出现的再次返贫，这一切都需要由镇上根据扶贫政策制定出具体的策略办法施之于贫困者，最终通过贫困者的满意度调查及数据指标检验扶贫脱贫的效果，每一个贫困村庄的基础数据收集，贫困户的精准识别，针对不同贫困人群制定的帮困脱贫措施全都由镇上完成、制定并汇总上报，从而构建起最基层脱贫攻坚的措施方略。乡镇党委、政府在扶贫攻坚战中的角色既要承上，更要启下，把上级制定的各项惠民帮困脱贫政策、措施、办法贯穿落实到每一个贫困村、贫困户和贫困人口之中。

近几年，国家对贫困地区特别是对西部少数民族地区通过财政转移支付的扶贫资金不断增加，作为乡镇一级党委、政府，如何用好县里下拨的扶贫资金，也成为做好扶贫攻坚的关键。良上镇山多地少，产业基础薄弱，市场经济欠发达，资金有效的投向渠道并不多，面对收益不确定的资金投向，乡镇领导坦言心理压力很大，资金投出去，不能有好的回报不行，因为这事关贫困户的切身利益；项目资金到了镇上，没有保证盈利的项目，花不出去，也要面临追责。在良上镇，党委、政府不仅是各级政策的落实者，还常常肩负着产业投资的主体责任，负责引导贫困户依托产业摆脱贫困，实现致富。哪些是政府该管的？哪些是政府不该管的？如何实现在产业发展中让市场在资源配置中发挥决定性作用？这在具体的脱贫实践中，乡镇党委、政府确实还不好区分，现实与理想、目标和路径之间尚有一定的距离。

第三节　良上镇脱贫攻坚的做法及困惑

良上镇，是国家二级贫困乡镇、黔东南苗族侗族自治州确定的州级极贫乡镇。2017年良上镇获得6610万元的整合涉农资金和5000万元的州级极贫乡镇扶持资金，针对这一难得的历史机遇，良上镇根据确定的脱贫攻坚目标，实施了以产业带动、项目落地为主的扶贫脱贫方略。

一　良上镇脱贫攻坚的具体做法

（1）确定扶贫项目，精准实施。2017年，镇上确定实施的项目有42个，其中产业扶贫类项目20个，涉及资金4850万元；基础设施建设类项目22个，涉及资金6311万元。2018年，将实施产业项目5个，计划投入1500万元，通过资金投入和项目实施，确保2017年先实现贫困乡镇"摘帽"，2018年底贫困村退出、贫困人口实现现有标准下的全部脱贫，实现全面小康的目标。良上镇通过制订打造"四张名片"（良上有机稻米、米酒、稻田养鱼、特色养殖）的产业发展计划，围绕三穗县"一种两养"（特色种植，鸡鸭、牛羊养殖）的产业发展思路，将投入产业扶贫项目中的4850万元全部用于扶持贫困户，项目惠及贫困户达到100%，资金量化到贫困户每户5000元至20000元不等，入股到具体产业扶贫载体中，按照"入股期限三年，资金入股的第一年，以保底分红的形式按照入股资金的 8% 保底分红，从第二年起，根据合作社实际收益，将利润的 60% 按照股份进行分红，30% 用于合作社壮大发展和日常经费开支，10% 用于村级集体经济分红"的模式建立扶贫载体与贫困户之间的利益联动机制。投资 4850 万元的扶贫项目将实现全镇 2438 户贫困户的全覆盖，户均量化入股 1.98 万元，入股第一年将实现户均增收 1632 元。在资金投入的同时，各村庄产业扶贫指导组将在各村扶贫载体的产业发展中做好专业知识和技术推广等相关服务并做好产业扶贫资金监管，切实保障贫困户利益。

图 3-5　贵溪村个体酿酒户周宗权

（2）细化扶贫产业发展目标，抢抓时间。产业发展是支撑扶贫脱贫的重要手段和根本保障，良上镇针对地域优势，确立开发"良上"品牌的地方特色农产品，第一批投入资金 1466.41 万元，围绕"一品四名六基地"的产业发展思路，着力开发"良上"品牌，推广打造"良上有机稻米、米酒、稻田养鱼、特色养殖"四张名片，建立起大米种植基地2个，种植有机大米600亩、优质大米1200亩；建立大米加工基地2个；建立米酒生产基地2个，年酿酒可达2万斤，年产值20万元；建立养鱼基地2个；建立肉牛养殖基地1个、蜜蜂养殖基地1个、生猪养殖基地2个，带动全镇贫困户1793户6489人发展。同时，良上镇的200亩青钱柳种植基地、缬草种植基地、黑毛猪养殖基地、生猪养殖基地、三穗鸭养殖基地已在规划建设中。这些项目都是通过"合作社＋基地＋贫困户"的发展模式，与贫困户直接建立利益联结机制，带动贫困户发展。为确保扶贫产业项目实施的效率、规范、精准，使每一份资金都能用在刀刃上，良上镇根据脱贫计划、需求缓急、适合季节等因素，制定了详细的产业项目安排"时间表"，2017年实施包括有机稻、优质大米种植以及稻田养鱼、肉牛养殖、生猪养殖、蜜蜂养殖、三穗鸭养殖等产业项目17个。

（3）美化乡村居住环境，做好美丽乡村建设文章。良上镇政府及所辖村庄地处青山环抱之中，自然环境秀丽独特。为提升镇村居民的生活品质，良上镇从州级极贫乡镇扶持资金中拿出300万元，从整合涉农资金中拿出2170万元，实施镇村太阳能路灯、庭院硬化、居民文化活动广场、健身器材、环境整治、危房改造等10个项目，投入包括2017年出列的贵溪、岑兴两个贫困村在内的美丽乡村建设工程中，形成环境优美、生活便捷、生态宜居的山中小城镇气象。良上镇还计划使用极贫乡镇扶持资金中的1240万元，实施农贸市场建设，改变每逢集市乡民沿路摆摊设点的无序状态；建设集镇停车场，实现有序停车；同时重点围绕河道治理、绿化、亮化、改圈、改厕等整治工程，使集镇的基础设施建设趋于完善。

为构建更加有效的扶贫工作格局，良上镇实行乡镇集团化作战，创新探索出"一带三联六到户"扶贫工作模式，即每个村由一名镇班子成员带3~5名工作人员成立扶贫工作组进村入户开展工作，班子成员负责联系村，村工作组负责联系自然寨和村组，村组干部和村里党员负责联系户，实现政策宣传到户、民生工作到户、扶贫工作到户、安全稳定到户、发展指导到户、计生服务到户。

为确保良上镇脱贫攻坚目标任务的完成，良上镇与各班子成员、村工作组负责人层层签订责任状，同时建立督查问责机制，把责任细化量化分解到人，使脱贫攻坚责任明确，各司其职，人人肩上有担子。对全镇建档立卡的贫困户，全部落实责任领导，保证帮扶到人。通过县直部门包村，"第一书记派驻"，干部驻村及各项责任落实，实行对贫困人口的一包到底，直到全部实现脱贫。2015~2017年，良上镇进驻村工作组落实扶贫资金累计达3000万元，走访群众累计60000余人次，结对帮扶干部为镇上帮扶对象捐助帮扶物资、发展扶贫项目累计200余万元。通过建立的全方位的扶贫机制，良上镇把扶贫项目、责任到户到人、问责追究有机结合起来，为按期完成贫困村出列、贫困人口退出的既定目标奠定了基础。

二　良上镇帮困脱贫中的困惑及原因

（1）村级集体经济发展较为缓慢，而且群众参与集体经济发展的积极性不高。良上镇所辖的贫困村大多地处深山，过去多年来与外界交通不便，信息相对闭塞。青壮年大多选择外出打工，村中多剩下妇女、老人和孩子，这造成了村庄集体经济的活力和发展后劲严重不足。加之人多地少，农业发展的空间受到限制。当下中国现实社会中，大凡集体经济发展好的村庄，要么与工业经济结合得紧密，要么有一定规模化的农产品的产出，更多地满足市场需求，而这一切在良上镇的村庄集体经济中并不存在，以每个家庭为单元的种植和养殖仅仅满足了自家生活的需求，小农经济的生产模式制约了乡村集体经济的发展。2016 年，良上镇以岑兴村、上寨村为示范点，实施"小产业带富计划"、成立"大米合作社"带动农户脱贫，虽然取得了一定的经济效益，但群众对于发展集体经济的积极性依然不高，更多的群众对于集体经济发展的态度是"被动式"的，集体经济因其自身的薄弱性尚未对贫困户产生广泛的感召力。

（2）群众自身发展的方式过于单一，同时缺乏新的思路。群众的力量总是需要引领和带动的，要想让群众对某一项致富和增收项目产生兴趣，要么从示范者身上看到明显的收益，要么得益于政府在产业方面对群众的着力引导。群众过去从来就没有从集体经济中尝到过甜头，当然会持观望态度。自 20 世纪 80 年代实施分田到户，实行联产承包责任制以来，各村的农户都是以一家一户为单位的个体单元，土地的产出仅仅满足了温饱的需求，甚至不能满足温饱，这也使群众对于自身进一步发展的依托只能停留在外出务工上，而且外出务工带给他们的是稳定性收入，且收益远远超出在家务农的收入，这种单一的发展方式不仅导致良上镇劳动力流失严重，不少土地荒废，而且也使留守在村内的群众发展能力较差，脚步几乎没有迈出过大山的群众缺乏新的发展思路也就是可以理解的了。扶贫项目虽然"进村入户"了，却难以在短时间内产生明显的经济效益。

（3）部分群众自身发展动力不足。由政府主导、各种社会力量参与的扶贫帮困，随着各项社会救助以及财政、金融资金扶持群众发展等政策的不断深化，对贫困群众的基本生活保障力度也越来越大，全方位的扶贫措施在给贫困户带来实实在在好处的同时也让部分群众滋生了"等政府援助、靠政府帮扶、要政府救助"的思想，扶贫政策的多重优惠在某种程度上消解了贫困群众依靠自身力量让生活质量获得进一步提高的内在动力。

（4）扶贫资金使用投向单一，产业扶贫效果有待提升。大量的财政专项扶贫资金大多专款专用，在使用投向上，以农业产业化扶贫为主，基本都用于种养殖业等农业产业上，然而农业产业有受市场波动影响大、农产品利润低、抗灾害能力弱等特点，良上镇向上申报的产业主要就是养殖业，将鸡、鸭、牛发放给贫困户养殖，但因需要技术、染病风险高及市场因素等，造成一些贫困户通过农业产业发展难以实现稳定增收。

（5）贫困地区和贫困人口自身发展能力不足。我国四十年来的改革开放成果已经在很大程度上惠及了广大农村百姓，经济社会发展持续向好，农村经济社会发展已经有很大的改观。但是，在自然条件恶劣，地处深山区、石山区的边远地区、少数民族地区的贫困程度依然较深。良上镇作为典型的地处深山的少数民族地区，经济落后、贫困人口众多的根本原因，主要在于这里的自然条件相对特殊，土地面积狭小，适合耕种的土地更少，发展生产困难，以及贫困户多数以老弱、病残、慵懒为主，自身发展能力不足，造成扶持增收的难度加大。

第四章

贵溪村乡村治理、脱贫攻坚的
难题、出路及思考

第一节　村庄空心化及留守儿童

　　"旧历的年底毕竟最像年底，村镇上不必说，就在天空中也显出将到新年的气象来"。这是鲁迅在《祝福》开头写下的句子。在贵州省三穗县良上镇贵溪村，时令虽然已是农历的腊月二十，却还感受不到多少新春将到的气氛，镇政府所在的上寨村和离此不远的贵溪村显得有些静寂，无论是路旁新建的楼房还是山中寨子里的人家，不少住户的大门上着锁，据村中的老人讲，那些在南方打工的村民大多还没有放假回来，几名儿童在寨子里屋前的空地上追逐着公鸡玩耍。这是调研组 2017 年春节前在良上镇和贵溪村看到的景象。村支部书记邰诗伦告诉我们，这时

图4-1　贵溪村寨子里的留守儿童

候学生们都放了假，比平日里还要热闹些。

在贵溪村，常年在外的务工人员有275人，占到全村人口的将近1/3，这中间还有一些带着孩子在外打工的家庭。调研组在贵溪村三个寨子里入户调研时，无论是贫困户家庭还是非贫困户家庭，接触到的绝大部分都是老年人和儿童。寂静的山村，显得有些空荡荡的房子，特别是那些盖起了几层楼房的家庭，房间里有些久未住人的清冷，两位孤单的老人空守着偌大的房子。

在良上镇其他的几个村庄里，情况也大抵如此。当外出打工几乎成了村中的青壮年获得收入的不二选择时，便也进一步加剧了这些深居大山中贫困村的空心化和大量留守儿童的出现。村庄缺失的产业经济或微薄的集体经济根本不足以承担起青壮年村民的就业、孩子上学、父母养

图4-2 吃映山红的孩子

老，还有盖房子、看病，诸多开销使他们不得不远离家乡到工作机会多的发达地区谋取生活之路。而留守在村庄里的人们，靠着土地里的有限产出几乎不可能获得更好的收入，老、弱、病、残者更是成为村中贫困户的代名词。

一 对农村空心化的思考

40年前开启的中国农村改革，以家庭联产承包责任制为肇始，在一段时间内提高了农民生产积极性的同时，也逐渐使农民的温饱问题得以解决。但在绝大多数农村，并没有实现农民从温饱迈向富裕的转折。一家一户的农村土地承包改革，在30年前就走到了尽头，卖粮难与过于分散化生产的问题全面暴露，小农经济的生产结构、相对低廉的粮食价格，以及粮食生产成本的提高使农民对土地的兴趣发生了很大的改变。渴望致富的农民们纷纷离开自己的家乡到经济发达的地区务工，或者到陌生的城市里谋生。维系村庄多年的生产结构、人口结构随之发生变化，一系列的变化不仅形成了农村劳动力人口的空心化，而且还产生了一系列连锁反应——农业产业人才流失、留守群体呈现老龄化且社会救助缺失、乡村整体布局凋零及乡村经济发展活力后劲不足等。应该看到，农村空心化问题昭示了我国部分农村的整体衰落，给农村经济社会文化的进一步发展治理带来了不小的挑战。

农村空心化带来的矛盾还在于分散的小农经济使生产效率处于很低的层次上，以贵溪村为例，农民分得的人均不足 0.4 亩水田产出的稻谷除了自家食用外几乎没有多少剩余，即使这些稻田达到亩产千斤的高产，仅仅依靠粮食生产也不足以给农户带来更多的收入。尽管在一些地区依靠国家补贴和行政推动维持粮食种植，但农民的粮食产出和收入几乎不具备市场竞争力，愿意在土地上劳作的农民越来越少。在贵溪，全村土地比较零散，河谷里的平地不多，其余多为坡地，不易集中耕作和管理，虽然镇政府鼓励土地流转，但问津者少。所以，每家每户土地仍大多由自家耕作，从前是双季稻，现在村中劳动力多南下打工，受劳力所限，有些家庭只种一季稻了，尽管这样，山上的许多土地还是撂荒了。而且插秧割稻、请人犁水田这样的活没有几个劳动力是难以完成的，雇人插秧收割也要每天150 元至 200 元不等的费用，还不容易请到合适的劳动力，这样算下来一亩地付出的种植成本与一亩稻谷所获的收入差不了多少，甚至入不敷出，于是不少家庭改种玉米，而零散土地上种植的玉米收成也不高，一斤玉米不到一元的价格与付出的劳动不成正比，有些村民说玉米也不打算种了。至于吃饭是不成问题的，一年一季的稻谷基本可以满足自家所需，即使土地上的产出不够，大米到处有的买，再者，外出打工的孩子寄回一些钱来买米还是不成问题的。

村子中那些上了年纪的，虽然也不愁吃，但他们不忍心让地荒着，种上一些粮食和蔬菜，在满足自家所需之外，多余的拿到集市上还能卖几个钱。老一辈的村民在苦苦支撑，往后的发展，基本可以断定，年轻人但凡有一种可能便不会去种地了，自然和人争夺田地的较量，将会以自然胜利而告终。当然，在贵溪这样的山区，退耕还林，使生态得到更好的恢复也未必不是一件好事，但村庄活力的缺乏，成为不可避免的现实。

从市场的角度看，贵溪一带的农村市场经济本就薄弱，农产品的生产既不成规模，流通力又有限，自然使农民原始的农产品流通的供求关系脱节，加之农产品价格的周期性波动带给农民更多的经营性风险，即使是农村经济作物种植也呈现高利润与高风险并存的态势，一旦供给方产出过剩，就会出现"谷贱伤农"的年景。

大量的农民工进城，在工作的城市里却买不起房，身在城市，但融入城市困难，大多像贵溪的农民工一样不惜举债回村盖大房子空置，留下日趋空心化的村庄和留守的儿童。农民工自身也成了游离于城市中的外来客，虽身在城市，却无法成为城市中的一分子，这也成为当今中国城市化发展的现实特征。

资料显示，20世纪60年代的日本也曾呈现与中国农村同样的状况。进城的农民与大企业流水线上的农民工消费成为整个内需市场的黑洞。当时，日本池田内阁曾制定和实施了著名的国民收入倍增计划，大幅度提高农产品价格，设立各种农协，加快农产品流通，重视农产品深加工，靠减少农民工全面拉动了日本国内的需求，从而推动了日本20世纪70年代的高速发展。

二 农村二次改革对贵溪村的启示

农村劳动力人口的空心化和留守儿童的大量出现，给农村的发展带来了一系列问题，这些问题在经济发展落后的贫困山区更为典型。农村有限的劳动力维持着土地上较少的产出，留守的儿童由于长期缺乏与父母面对面的交流

图4-3 贵溪村留守老人及儿童

和沟通，身心健康、学习学业等方面问题突出，甚至留守妇女的情感问题等也使人们处于抑郁、焦虑、偏执的状态之中。

贫困山区农村的空心化问题出现日久，如果就此延续下去，依靠国家的扶贫政策和各级政府部门的努力即使一时解决了暂时的贫困问题，农村发展的活力也会长期不足，数百年聚族而居的乡村会面临走向衰弱的可能，这种现象倒逼乡村的转型和二次改革。如何增强村庄持续发展的动力，使趋于凋零的村庄焕发出新的活力，应是国家乡村治理，各级党委、政府及空心化村庄必须面对的问题。

有专家认为，21世纪美丽乡村将会成为未来人们生活中的奢侈品。在贵溪这个望得见山、看得见水，可以寄托乡愁的地方，自然生态的环境、极富民族特色的苗寨侗乡，无疑会成为人们因寄所托的好去处。但眼下的村寨在春节的临近中，显现得如此的静寂与清冷，加之沥沥的冬雨，把整个山寨都笼罩在一片朦胧的雨雾之中。

化解农村空心化问题将会是一项长期艰难的挑战，只有强化城乡统筹、做好乡村基础设施建设，按照和谐、生态、宜居的方向制定规划，创新农村土地流转制度，有效推进耕地山林有效流转，吸引更多的农民回乡发展创业，依托产业发展支撑农民就业的平台，形成农村内在的文化传承和以亲情、乡情为依托，以市场需求为纽带的聚合力，才能够有效解决农村空心化问题。

马克思说过：人是生产力中最活跃的因素。再好的村庄，如果缺乏了人气，就不会有生机和活力。因此，吸引更多的农民回乡发展创业，吸引更多的外来者到贵溪投资兴业，无疑是化解农村人口空心化问题的关键所在。农村空心化的成因在于农村劳动力的大量流失，农村经济社会发展缺乏必要的劳动力，因此，培养新型农民，培育有创业能力、有意愿立足农村经济发展的新一代农民是化解农村空心化问题的重中之重。要大力发展产业，增加就业机会，改变农村传统的生产模式，拓展农业新功能和发展乡村旅游，把贵溪打造成为富有产业发展活力、多种业态并存的生态农业和观光农业园区，把具备各种技能的劳动力吸引到村庄发展新型农业。

在实施农村产业扶贫的同时，应着力扩大和提高农村公共服务的覆盖面和农村养老、医疗、大病救助等公共服务的水平，提高对农村老人和儿童的公共保障能力。提升农村公共服务，首先要加大对农村的财政支持和投入，加强农村社区公共服务设施建设，逐步缩小城乡公共服务的差距。在贵溪这样的贫困村庄，公共服务设施、公共服务项目和水平过去欠账太多，其间有一个逐渐补齐短板、逐步完善功能、渐次提供定向服务的过程。目前，贵溪老人享有基本医疗保险和新农合医疗保障，建档立卡贫困户实施应保尽保，每月享有基本生活保障补贴。在教育方面，适龄儿童入学率已经实现100%，政府为在镇上就读的寄宿小学生提供免费食宿的便利。同时，良上镇也有通过志愿者为农村留守老人、儿童提供生活照料、情感慰藉、课业辅导、心理咨询服务的设想和规划。

图4-4 为住校贫困户子女提供免费三餐的良上镇中心小学

（1）做好乡村发展规划是破解农村土地空心化的有效途径。充分利用好农村土地，规划是前提，是"龙头"，是至关重要的第一步。要从优化土地利用规划入手，依据不同类型的空心村，综合考虑经济、社会与生态效益，做好村庄空间布局和产业发展规划，采用合并、迁移或是转型治理的模式，着力推进生态移民搬迁工程，把农村宅基地整理与小城镇建设、行政村的扩展与自然村合并结合起来，使村庄建设既不浪费土地，又能满足广大农户生产、生活需要，促进村庄内聚式发展，引导农村居民向中心村、中心镇适度聚集。

（2）形成文化传承的内外合力是破解农村文化空心化的根本出路。外出务工的农民受到现代工业文明和城市文明的熏陶后，也会自觉或不自觉地在家乡文化和现代城市文化之间进行抉择，从而向现代文明靠拢，逐步接受并内化城市文化，逐渐疏离甚至排斥原有的乡土文化。这也正是黔东南一带苗族逐渐走向汉化的佐证。在信息技术、移动互联技术的冲击下，城市文化逐渐向乡村渗透和强化，原有的特色农村文化鲜有农民愿意传承，乡土文化正在逐渐被边缘化，传统农村文化中的重情义、重家庭和重乡土归属的优秀品质逐渐淡化，延续几千年的乡村文化传承和习俗正面临逐渐消失的危险。

农村文化建设是外部供给与内部承接相互协调的过程，两者相互促进，缺一不可。因此，要破解农村文化空心化首先要加大对农村文化建设的投入力度，推进乡镇综合文化服务中心建设，真正发挥乡镇文化服务中心的文化供给、服务和管理职能。其次，要以村庄为立足点，培育乡村文化建设的传承主体，夯实乡村文化建设的群众基础，使乡村文化供给和传承真正得到村庄的认同和接受。最后，要确保文化建设的外部供给与村庄内部文化需求相统一，把乡村文化保护与旅游业发展结合起来，加强乡土文化的宣传，让城乡居民共同参与乡土文化的保护和传承。

第二节　健康洁净的生活习惯的倡导

在贵溪村的寨子中行走，不时可以看到村民随意丢弃堆放的生活垃圾和未及时清扫的牛粪，所幸是在冬天，尚看不到滋生的蚊蝇。一些废弃的木制吊脚楼旁边，也成为垃圾的堆放地。随处可见的垃圾与村民居住房屋紧紧相连的青山绿水构成了很不协调的一幕。在村民房前的墙壁上，张贴着已经发白的"村民委员会治理环境卫生门前三包责任书"，要求归要求，其并没有对村庄脏乱的环境产生多大的改变。调研组在贵溪贫困户家中走访时，贫困户家中的卫生状况也多是"脏乱差"，这给本就贫困的家庭更增加了一分"寒气"。贫穷并不是贫贱的代名词，在几无长物的贫困之家，倘若看到的是整洁有序、即使仅有的几件家什也收拾得妥妥当当的，会使人感到贫穷之家的内在气节和即使身处贫穷也每日洒扫庭除的勤奋。

贵溪村民身居绿水青山之中，却无意体会曲水淙淙之乐，贫困的生活在很大程度上消解了村民特别是贫困人群的意志力和对美好自然的兴趣。诚如车尔尼雪夫斯基所说的：一个忧心忡忡的穷人即使对最美丽的景色也会无动于衷。在困扰生存的问题尚未解决之前，其他的一切都显得不那么重要了。

村委会治理环境卫生门前三包责任书"包卫生"一项中规定：无垃圾污物，无果皮纸屑，无乱贴乱画，保持地面平整，排水畅通；不得从事有碍村容和破坏卫生的行为。并规定了生活垃圾一律于当日晚六点后次日早晨九点前倒入指定垃圾收集点，违规倾倒垃圾者按照村规民约进行处理。

不仅要与村民签订三包责任书，贵溪村还制定了村规民约约束一些村民的不讲卫生行为，这些措施在村支部书记郜诗伦看来，效果不佳。似乎是没有脱离贫困的人们还顾不上讲究环境卫生和保持室内的整洁。其实这还是一个多年形成的生活习惯和居住功能设施的问题，贵溪村搬进楼房中的村民已经用上且习惯使用抽水马桶，而居住在传统寨子里的村民还在使用户外的旱厕，卫生习惯的养成不仅改善一个人的精神面貌和家庭风貌，也从客观上减少或避免了村民一些慢性病的发病。

政府部门也已经意识到扶贫帮困包含多方面的内容，不仅仅是给予贫困者以钱物，还在于提升贫困者的内在素质，养就靠劳动脱贫致富的观念，生发依靠勤劳改变自身处境的内生动力，构建起一种由内向外的治家信念，最终通过政府的资金支持、危房改造、居住环境改善、劳动技能培训和社会养老、医疗保障等脱离贫困的生活状态，逐渐养就整齐、清洁、简单、朴素的健康生活习惯，展现出文明向上的精神风貌。

逐渐改变贵溪当地群众"衣食住行"中欠佳的日常生活习惯，从小处讲，可以提升他们的生活品质，从大处讲，可以达到重整乡村道德、改善社会风气的目的。

第三节　谁在"等、靠、要"

在精准扶贫调研中，经常听到扶贫干部说起不少贫困户"等、靠、要"思想严重，为什么会有这样一种思想？一些贫困户真像扶贫干部所说的那样是"扶不起来的阿斗"？这种说法本身是否公允？主要是针对哪些贫困户说的？

在现代社会中，贫困是一种"病"，它不仅意味着物质财富的缺失，更意味着一个人或一个家庭之于社会参与能力的弱小或缺失。贫困不仅意味着缺钱，还在于一个人对自我认知的狭窄和他与所处的这个社会对话的不对等。农村的贫困户既没有上一辈遗留下的财产可以享用，自身也不具备多少创造社会财富的能力，他们是社会中的弱势群体，如果现代社会没有构筑起对这部分人群的救助体系，他们的生活会更加惨淡不堪。

在精准扶贫、精准脱贫上升为国家战略、纳入"四个全面"的国家战略布局中的时候，实现现行标准下贫困人口的全部脱贫成为各级党委、政府的"第一民生工程"。针对各地贫困人口的贫困状况，党委、政府要制定实施具有针对性的脱贫之策，对丧失劳动能力、无法靠产业扶持和就业帮助脱贫的家庭实行社保政策兜底，将所有符合条件的贫困家庭纳入低保范围，做到应保尽保。在国家大扶贫战略的框架内，各地实施的扶贫政策和措施对所有贫困人群几乎实现了无缝覆盖，一系列针对贫困人口的帮扶优厚措施纷纷出台。在贫困命运相同、致贫原因各异的贫困人口聚居区，不光是贫困户，就连非贫困户也希望得到国家扶贫政策的雨露滋润。在贵溪一家养牛专业户的家中，女主人这样说："现在国家的扶贫政策是养懒汉，我靠养牛致富，想扩大养殖规模，更需要得到像贫困户那样的'特惠贷'，这个政策我却享受不到，贫困户没有什么项目要上，要么用这笔钱消费，要么存到镇上的扶贫公司每年享受 10% 的分红。因为'特惠贷'由财政贴息，等于是让贫困户免费使用。"这位女主人的话道出了贵溪村一部分非贫困户的心声，而现实中确实存在具备一定劳动能力可以通过自身劳动改善贫困状况的人群，却不愿去付出劳动而坐等扶贫政策的帮扶和救助。还有那些当年因为超生被罚款而今却因为孩子多因学致贫的人家，今天获得了政府扶贫政策的更多帮扶，而那些遵循计划生育政策的非贫困户家庭却没有得到政策的照顾。

扶贫，当然是扶持贫困户脱贫。但有一个前提是，贫困户自身有脱贫可能，这在现实中往往不易把握，贫困户具备脱贫可能的，大多有一定的劳动能力，而且这些贫困户大多数是因灾因病半路致贫，之前的家庭条件基础较好。除了因病因灾致贫但具备劳动能力的家庭外，乡村中不少贫困户是鳏寡孤独、老弱病残、憨傻痴呆或者是游手好闲的家庭，他们确实贫困，但这部分人基本上就是依靠政府救济生存的，除了"等、靠、要"，似乎也没有别的办法维持基本的生活。

政府建档立卡的贫困户中包括五保户、低保户家庭，对于享受五保待遇的贫困户，全家还享受每月 300 多元的低保待遇，如果是家里还有几亩地、有劳动能力的家庭，还有到户增收资金扶持，还有小额贴息贷款扶持，还有县里出台的被称为"傻瓜式"的分红扶持，而包含诸多优惠的扶贫大礼包指向的贫困户中占绝大多数的却是鳏寡孤独、老弱病残者。这些贫困户大多因为危房改造、到户增收的扶持项目都是先建后补，需要先垫资实施，验收合格后再给予一定补助，但盖房子没有启动资金而不得不放弃，有的五保、低保贫困户但凡有容身之处就不想再费事了。至于到户增收项目，这些家庭同样没有启动资金，更担心赔钱无以偿还，不敢去尝试。即使是专门为贫困户提供的小额贴息贷款"特惠贷"，不少贫困户也担心一旦用了将来还不起贷款，而不愿贷、不敢贷。在贵溪村贵九年寨子里，一些贫困户就没有任何贷款。作为银行，虽有政府财政的贴息，但因这类贷款不需要抵押物，银行也担心贫困户到期还不上本金。在良上镇，不时可以看到信用社在墙上刷着这样的标语"穷可贷，富可贷，不守信用不可贷"，还有诸如"守诚信、不赖账，是给子女树立好榜样"的标语。就连贷出款来存到县里的扶贫公司享受8%以上分红的项目，有些贫困户也担心将来吃亏上当而不愿贷款。只有享受低保、五保政策，在贫困户看来是最保险的帮扶，政府无偿给予，既能维持基本生活，又不用担投资的风险，自认为受益最大。持有这种盘算的贫困户，除了"等、靠、要"，似乎自身也没有更好的脱贫办法。至于那些具备一定劳动能力，可以通过劳动脱离贫困却因天性慵懒而坐守贫困、等待政府救助的毕竟还是少数。纳入五保、低保的农村贫困户都有严格的政策条件限制，不符合条件的进不了这个序列。但是仅仅依靠五保、低保政策的救助，在现行标准下也很难实现真正意义上的脱贫，过上小康的生活。因为对五保、低保的帮扶措施和救助政策仅仅满足了他们最低的生存需求，至于实现小康，或者达到三穗县政府制定的到 2018 年贫困户人均收入达到 8000 元的标准还有很远的距离。

第四节　村庄集体经济的缺失

集体经济是中国农村经济发展中最主要的物质、精神支撑，更是贫困地区百姓生活、生产条件得以改善，贫困人口持续增收的重要手段。一个村庄经济发展水平的高低，村庄事务管理支出能力的大小，党支部战斗堡垒作用发挥的强弱很大程度上取决于集体经济的壮大与否。农村集体经济是指村两委主导下的主要生产资料归农村社区成员共同所有，通过共同劳动，共同享有集体劳动果实的经济组织形式。党的十一届三中全会以来，我国农村集体经济改变了过去"三级所有、队为基础"的基本经济体制，村级集体经济成为农村基本的经济组成部分。并且，伴随着家庭联产承包责任制的推行，村级集体经济改变了过去"集体所有、统一经营"体制一统天下的格局，在家庭分散经营与集体统一经营相结合的双层经营体制基础上，衍生出多种实践形式。尤其是在家庭联产承包责任制基础上，一些农民顺应市场经济的发展，在农村社区或是突破社区界限，成立独立于集体经济之外的个体或民营的市场组织，或是自发成立了农民专业合作社以及股份制、股份合作制等多种形式的经济组织，经过不断的发展，这种组织形式也在不断提高其组织化程度和增加收入水平。在经济发达的东部地区，不少村庄集体经济的发展壮大使之逐渐成为集团化的市场经营主体，还有的成长为企业法人和社会公众共同持有股份的上市公司。集体经济的发展中呈现多种所有制共存的模式。

在贵溪，特别是近几年来，随着国家、省、自治州对贫困山区镇村扶贫力度的加大，以及足额产业扶贫资金、项目的落实，集体经济的发展面临新一轮的机遇。尽管贫困村可以借助国家扶贫政策和资金改善村庄基础设施，扶持农户发展一些产业项目，但村级财力还得依托村集体经济的发展壮大，只有积累了充足的集体财力，才能更好地反哺村庄百姓，真正催生贫困村庄、贫困人口的内生脱贫动力，最终实现贫困村庄由外部救援扶持到内生求变发展的质的转变，使集体经济产生感召力量，让群众愿意融入集体经济的生产经营，实现脱贫致富。

贵溪村的贫困在很大程度上也是因为集体经济的缺失，而集体经济的缺失也使村两委的组织形式和管理方式处于相对简单、粗放原始的状态。因为是多年的贫困村，村庄几乎没有任何集体经济的收入和积累，也无力支付村干部的日常管理和为村民服务的报酬，贵溪村三名村干部的工资由良上镇政府按每月1400元的标准发放，再根据年终考核的结果合格后每月补发200元，其他的收入大概就是地里的收成和各自的养殖所得了。除贫困户外，贵溪村民的家庭主要收入来源于延续了二十多年的村民外出打工的劳动所得。据统计，村里外出务工人员有 275 人，这几乎占到全村青壮年的绝大多数，加上目前 249 人的贫困人口，其余大多是留守的妇女、儿童和老人了。

一 贵溪村发展集体经济面临的困难

贵溪村始于 20 世纪 80 年代初期的家庭联产承包责任制当时在一定程度上调动了村民的生产积极性。一家一户的生产模式使农户在获得种植自由的同时，土地的产出并没有获得太大的提高。像贵州绝大部分地区一样，"八山一水一分田"，贵溪村人均占有土地不到半亩，仅仅满足了百姓口粮所需，土地的产出十分有限。在有限的土地上不能致富的农民开始了南下打工的生活，这一时期广东、福建、浙江乡镇企业蓬勃兴起，也为贵溪农民外出打工提供了条件。而地处大山深处的贵溪村在此后的几十年中，尽管也具备了逐步发展农村集体经济的现实可能性，但闭塞的信息、相对落后的观念及由大量青壮年外出打工造成的乡村空心化使集体经济的发展一直没有破题，而且面临一些现实的困难和障碍。

1. 贵溪村民对发展集体经济存有一定的偏见

20 世纪 80 年代，我国东部地区的乡镇企业在铁桶一般的计划经济的缝隙中获得长足发展，随后的村庄集体经济也多以乡村工业化、种植产业化的方式或借助商贸流通的便利发展起来，全国出现了一批村庄集体致富的典型，当集体财富积累达到一定程度时，以明晰产权为目的的股份制改革开始试行，"经营者持大股"最终使集体经济的企业转为民营或个人所有，有些集体企业则在新一轮的市场竞争中败下阵来，最终销声匿迹。集体经济产权模糊，权、责、利不清，是计划经济年代"大锅饭"的延续，说法种种。这种观念即使在集体经济一直没有得到发展的贵溪村也成为不少人的共识。不少村民觉得集体经济不能很好地明晰产权，不能很好地调动群众的积极性，过去搞了几十年的集体经济，不但没有致富，反而连饭也吃不饱。集体经济的低效、落后，不能让群众过上更好的生活。事实上，也正因为各地生产力发展不均衡，我国农村改革和发展中确实存在不少问题，尤其是在一些集体经济"空壳村"，问题更严重。在反思这些问题的时候，一些人首先有意无意地将集体经济看作罪魁祸首，而没有意识到集体经济的弱化所引发的问题更严重：党的基层组织的软弱涣散、村庄公益事业的缺失和村庄治理的"空心化"。贵溪村党支部书记邝诗伦说，没有集体经济的发展，村两委实施村庄有效管理的抓手、访贫问苦的能力几乎就无从谈起。村民还是有发展集体经济意愿的，只是目前还没有找到合适的途径和突破口。

2. 农村基层党组织建设有待进一步加强

农村集体经济的发展壮大离不开自身本领过强、作风过硬的带头人和强有力的农村基层党组织。早在1987年，中共中央发出《把农村改革引向深入》的通知，要求农村党支部、村民委员会和合作组织的干部，要由具有献身精神和开拓精神、办事公道、能带领群众致富的人担任。目前，在集体经济实力弱的农村，普遍存在党员年龄偏高、文化水平较低，党员干部队伍不稳定，党组织凝聚力、号召力、战斗力不强等问题。农村基层党组织建设尤其是村级党组织建设乏力成为制约大多数农村集体经济组织发展的"瓶颈"。因此，加强党的农村基层组织建设，加强党对农村工作的领导，已经成为发展壮大农村集体经济的迫切要求。

3. 集体主义观念有所弱化

集体主义思想是社会主义核心价值体系的重要内容，也是集体经济的灵魂。由于几千年来小农经济的深刻影响，加之小农思想改造的长期性、艰巨性等原因，社会主义初级阶段条件下，广大农民特别是没有感受到集体经济发展带来红利的人们，对集体经济常常持一种排斥的态度，抑或不可避免地保存着某些固有的思想和习惯。分田到户后的几十年一直是一家一户地这样干着，也没有再统一过，以"发家致富光荣"为主导的家庭创业单元成为村民改变贫穷落后面貌的主要渠道，在集体主义不能反哺村民家庭和贫困户个人的时候，农民许多年前曾经形成的集体主义精神渐渐弱化了。

4. 村庄集体致富人才缺乏的状况没有得到根本改善

农村集体经济的发展呈现的是"能人经济"效应。过去所说的"一个能人富一片，一片能人富一县"很好地诠释了经济能人在发展集体经济中所起的关键作用。如何更好地解决人才引进和培养问题成为农村集体经济发展面临的重要课题。在有的农村，鼓励那些个人创业成功且有公心的经营者回村担任村两委负责人或鼓励有知识、有能力的大学生担任"村官"，收到了一定的效果。目前，制约农村集体经济发展的主要原因还在于缺乏懂得现代经济管理的人才和农村经济发展急需的科技人才。在不少村级集体经济组织中，存在决策不科学、创业观念淡化、忽视市场经济规律、产品科技附加值低、竞争力弱等现象。农村集体经济组织的成员在面对这些问题的时候，更多表现出的是无奈和缺乏对策。

二 贵溪发展农村集体经济的可能性

贵溪村正处在省、州、县、镇全力脱贫攻坚的大背景下，作为党委、政府"第一民生工程"，精准扶贫、精准脱贫为贵溪村发展集体经济提供了一个难得的机遇，使乡村集体经济的发展具备了现实可能性。

1. 包村入户、精准到人的扶贫开发中，在着力解决贫困户生产生活困难的同时，也在着力扶持村庄选择因地制宜的产业项目，通过发展村级集体经济带动村民参与其中，增收致富

上级部门不仅提供产业发展的资金，还选拔管理人才、专业技术人才助力乡村集体经济项目的发展，以帮助贫困村建立扶贫扶弱的长效机制。2017年，良上镇扶持贵溪村发展产业的资金就有100万元，如果借此发展适合当地、见效又快的产业项目，会在村庄产生很好的示范效

应。贵溪村两委还承担着部分集体经济组织的职能，为家庭分散生产提供产前、产中、产后相关服务，村两委所承担的公共服务职能客观上使其具备发展村级集体经济、壮大集体经济实力的职能和组织基础。乡村治理能力和治理体系的提升和完善，不是要改革掉这些集体经济组织，而是要通讨改革使其不断发展壮大。

2. 国家在基础设施建设，道路交通，水、电设施，网络通信等方面的巨大投入为乡村集体经济发展提供了越来越多的便捷条件

在贵州，目前已实现县县通高速公路，乡乡通柏油路、水泥路，网络宽带也已直接接入贵溪村，与贵溪村相隔35公里的三穗县城有沪昆高铁通过，大大便利了乡村特色物产的对外运输，也为封闭了的古老山村架起了与外界沟通的桥梁。此外，贵溪村外出务工人员的增多、农村剩余劳动力的减少，为农业的适度规模经营创造了条件，村庄可以通过土地承包经营权流转促成产业化种植，依托养殖大户来实现土地的集约化经营，也可以通过土地承包经营向集体经济组织集中，实现"公司＋农户""合作社＋农户"等生产方式的转变，实现留守农民的增收。

3. 通过集体经济的发展吸引外出务工人员回流

贵溪村有一大批长年在外打工的村民，长期在工厂流水线上的劳作培养了农民工的协作意识、纪律观念和效率意识，通过制定优惠的措施，搭建可供回流农民工创业的平台，可使人尽其才，回乡走共同创富之路，这在西

部不少农村已有现实可行的诸多实例。一个村庄的脱贫攻坚，说到底，如果仅仅依靠政府的扶持和巨量的资金注入，短期内可能会收到明显的效果，但长此以往，是不可持续的。依靠村庄发展的内生动力，提升村民自身的脱贫能力，依托村庄的凝聚力，培育起可持续发展的能力和产业，才真正具有积极的现实意义。对此，习近平总书记有过深刻论述："贫困地区发展要靠内生动力，如果凭空救济出一个新村，简单改变村容村貌，内在活力不行，劳动力不能回流，没有经济上的持续来源，这个地方下一步发展还是有问题。一个地方必须有产业，有劳动力，内外结合才能发展。"政府主导下的帮扶，是有效的手段和必要的过程，其最终目的是帮助贫困地区、贫困人口通过自身发展构建起远离贫困的长效机制，通过自我发展能力的提升融入全面建成小康的序列中。

4. 贵溪贫困户并不排斥发展集体经济，对有益于脱贫的产业项目持欢迎态度

以公有制经济为主导、多种经济形式并存的所有制在相当长的时间内会是我国所有制形式的主体构架。任何所有制形式只要能促进生产力的发展，有利于提高劳动者的生活水平，都是应该鼓励和支持的。无论是个体、民营、私营还是股份制，只要适合地区经济的发展，符合人们的意愿，都是应该提倡的。广大农民之所以有时对集体经济持有偏见和误解，是因为集体经济成为为个人谋利的手段，化公为私，背离了发展集体经济的初衷。在当前我国农村经济体制下，全体村民作为村集体经济组织成

员，农村社区集体经济组织的发展与村民生活水平的提高有着相得益彰的对应关系。一般说来，当下集体经济实力雄厚的村，首先是适应了市场经济的发展，在效率优先的前提下，还能兼顾公平，但是以个体经济为主或者是集体经济脆弱的村，弱者的利益常常是没有被兼顾的，村庄的公益事业也不可能得到保证。贵溪村有发展集体经济的自然资源和生态优势，所缺的只是对这些优势资源的有效整合，无论是种植、养殖还是特色农业发展，都可以很好地在"有机"上做文章，满足城市居民对小众食品的需求，那些困守家园的贫困户，还有那些因病不能外出打工，但可以在家乡做些力所能及的事的村民，他们对发展适合当地的集体经济产业当然持欢迎态度，也愿意参与其中。但今天发展集体经济，不会再是过去那种不讲究效率，吃"大锅饭"，不再是干多干少一个样的平均主义，而是首先建立在效益基础上的产业发展实体，是质量、效益、分配、管理、公平相统一的现代企业架构。其实，广大村民的心目中对集体经济的认知也早已不再是过去那种"一大二公、一平二调、公私不分"的集体经济，而是建立在多劳多得、按劳取酬、效益优先和平等自愿基础上的工作机会，是共同完成工作任务指标之后分享劳动报酬的经营实体。一位回村处理家事的贵溪村打工者说，如果村里有可以挣到工资的企业，即使收入少一些，也愿意回村来干，省得整日不能和老婆孩子生活在一起，老人生病时也照顾不上。父慈子孝、举家和睦、夫妻团圆的生活无疑是贵溪那些在外打工者的家庭所期待的。

三　贵溪村集体经济的发展前景

贵溪村集体经济在整个贵州实施精准扶贫、精准脱贫的大战略下，正面临集体产业经济发展的契机。贵溪村应抓住机遇争取到适合自身发展的项目，完成集体经济的破冰之举。

近两年来，中央、省级财政划拨的专项扶贫资金一改过去"撒胡椒面"的分配方式，明确 70% 以上的专项扶贫资金用于产业扶贫，作为产业基础薄弱的贵溪只要争取到合适的项目就能得到相应的产业扶贫资金，并借此完成集体经济从无到有的嬗变。

贵溪可通过成立村级有机水稻种植合作社吸引具有水稻种植经验和具备一定劳动力的农户参与其中，这是最现实、简便易行的路径。良上镇一带过去就是有名的贡米之乡，具有种植优质水稻的历史和经验，而且可以较容易地获得扶持资金。

此外，马铃薯也是当地农户易于接受的种植作物之一，而且品种优良，市场销路好，产业化的种植能为村民带来直接的经济效益。村集体可以联系县里的农业技术员发挥引导、布局、技术辅导的作用。

贵溪山清水秀，风光怡人，空气中负氧离子含量是城市的几十倍，是休闲游、自驾游、生态游的好去处，如果借助苗寨侗乡的淳朴民族风情发展农家乐式的观光旅游产业，必将大大推动特色农产品和产业经济的发展。

贵溪集体经济发展的前景是美好的，但每一条实践的道路都需要探索、规划、制定可行性方案，一经确定，尽快付诸实施，力争在全面建成小康社会之际完成乡村集体经济发展的华丽转身。农村集体经济的发展，不仅关系到农民的切身利益，关系到农村改革和发展的大局，而且关系到中国广大农民坚持走社会主义道路这一根本问题。在农村改革和发展的过程中，只有不断解放思想，切中实际，一切从为村民谋福利出发，探索适合贵溪自然、人文、经济条件的多种实践形式，积极探索发展村级集体经济的多种途径，让村民参与其中，获得实惠，才能坚定百姓走社会主义道路和集体致富的信心与决心，引导他们走上共同富裕的道路。

第五节　关于党支部的战斗堡垒作用

2015年6月18日，在贵州召开的部分省区市党委主要负责同志座谈会上，习近平总书记指出："切实加强基层组织。做好扶贫开发工作，基层是基础。要把扶贫开发同基层组织建设有机结合起来，抓好以村党组织为核心的村级组织配套建设，鼓励和选派思想好、作风正、能力强、愿意为群众服务的优秀年轻干部、退伍军人、高校毕业生到贫困村工作，真正把基层党组织建设成带领群众脱贫致富的坚强战斗堡垒。"习近平总书记深刻阐述了党的基层

图 4-5 贵溪村位于大榜坡自然寨的村民委员会

组织在扶贫开发工作中的重要作用，各级基层组织理应成为带领群众脱贫致富的战斗堡垒。

贵溪村有党员 33 人，党支部、村委会和党员活动室建在大榜坡自然寨，寨子离山下的公路有三四公里的路程，是贵溪村最大、人口居住最集中的自然寨。党员教学点、远程教育播放点都设在村委会的二层小楼上。远程教育室一间 26 平方米的房子平时可供村内 33 名党员学习。

贵溪村党支部和村委会由三人组成：村支部书记邰诗伦，村委会副主任周礼谦，村纪检员、监督员、民政监督员周承忠。邰诗伦自 1988 年任职村支部书记，另两位任职也有 10 年，可见他们在村民中享有的威信。村委会办公楼的墙上挂着一块"两委一代表"民情联络公示牌，作为村党支部书记和县党代会代表，邰诗伦的主要任务是"增

图4-6　贵溪村党支部书记邰诗伦

强责任感和主动性，提高履职成效，完善深入了解民情、充分反映民意、广泛集中民智、切实珍惜民智的决策机制，推进基层民主政治建设，大力宣传党的方针政策，帮助村组（社区）和群众厘清发展思路，帮助推进发展，深入了解社情民意，化解基层矛盾，反映群众诉求，切实实现改善群众民生、解决实际困难，维护群众权益、实现主体地位，保障群众安全、构建和谐社会，帮助群众致富、提高生活水平，赢得群众信任、密切干群关系的'五群'工作目标，推动创新管理工作迈上新台阶"。从公示牌中可以看出，一名基层党支部书记需要承担的工作和履行的职责可真不少，但现实中面临的困难、上级工作要求和实际工作之间也存在着不小的差距。由于自然的、历史的诸多客观原因，贵溪村地处偏远、落后的少数民族地区和国家扶贫重点地区，村庄经济一直没有得到很好的发展，改革开放以来，外出打工几乎成为村民获得较好收入的唯一渠道，在一个贫困村庄里，如何发挥好党支部的战斗堡垒作用，成为村两委一班人需要面对的重要课题。

改革开放以来，农村党支部在村庄经济建设和乡村治理中所发挥的作用呈现多种形态。大凡集体经济搞得好的村庄和社区，基层党支部所起的作用及在群众中的威信就会更大、更高，相反，在集体经济缺失、贫困落后的村庄，基层组织建设往往失之于软弱涣散。在以经济建设、发家致富为中心的时代语境中，发展村庄经济、带领群众致富是一个永恒的命题，农村党支部责无旁贷。但也应该看到，在东、西部之间，经济发达地区和老少边穷地区，地区差异、自然禀赋甚至思想观念仍存在很大不同，已经完成乡村工业化、农村社区城镇化的村庄和以自然经济为主、一家一户纯农耕的经济形态的村庄在村庄治理上形成了很大的差异。当代中国，当不少农村早已越过集体经济发展门槛、完成产权明晰的股份制改造、产业面临新一轮转型升级的时候，深居大山的贵溪村还没有在发展集体经济中破题，村党支部还只是承担着上级政策传达、例行召开基层组织会议和配合镇政府的扶贫攻坚措施做一些基础性的管理工作。平日里，贵溪村委会的二层小楼上也无人办公，因为几个寨子之间离得远，村干部到别的寨子里走一趟也需要半天的时间，除非有重要事情传达，需要集中起来开会，或者同扶贫工作组一道到户下了解情况，此外村干部们也需要忙碌自己地里的活计。

根据县、镇上制定的脱贫攻坚计划，贵溪村两委也根据村庄基本情况因地制宜，制定了今后的经济社会发展思路：一是进一步推广杂交水稻、杂交玉米的种植，确保粮食丰产自足；二是尽可能调整以粮为主的种植结构，通过发展适合本村群众的种植、养殖项目不断提高村民收入；三是搞好现有肉牛品种改良和防疫工作，通过畜牧业发展，促进农户增收；四是大力发展沼气，节约能源，减少对树木的砍伐，保护好贵溪的生态环境；五是通过加强农业科技培训，培养更多适合村庄经济发展的科技型乡土人才；六是配合镇政府做好村庄基础设施建设，实施街道水泥硬化；七是继续鼓励村中青壮年外出务工，借此带动村庄副业的发展；八是重视适龄儿童入学，提高学生入学率，完成九年义务教育；九是落实国家生育政策，实施优生优育，提高人口素质；十是加强村庄社会治安综合治理工作，维护和谐稳定。贵溪村两委对未来工作的规划明确而具体，而对将近占1/3人口的贫困户的脱贫工作少有涉及，因为这项工作主要由良上镇党委、政府主导实施，村里只是协助镇上做好相关的具体配合工作。

作为在村支书位置上工作了30年的基层组织带头人，邰诗伦对贵溪村的舆情、每家每户的家庭状况可谓了如指掌。在他随身带的记事本上，记录着村庄里贫困户、低保户、五保户的基本情况和每一家的联系方式。在政治学习的页面上，还抄录着这样一段话："党的基层组织是党全部工作和战斗力的基础，是落实党的路线方针政策和各项工作任务的战斗堡垒，党员是党的肌体细胞，发挥先锋模范作用是对每个共产党员的基本要求。在大扶贫战略行动这一事关贵州发展全局的重大问题上，必须坚持'党建带扶贫，扶贫促党建'，大力加强发展服务性党组织建设，充分发挥基层党组织在精准扶贫攻坚中的战斗堡垒作用，激发和调动党员干部的内在活力，最大限度凝聚精准扶贫正能量，坚决打赢这场脱贫攻坚战。"这可能是村里组织政治学习时邰诗伦记下的一段文件精神。邰诗伦坦言，在贵溪这样一个一直未曾脱贫的村庄里，尽管有这样那样的客观因素和条件制约，但带领村民致富和发展村庄经济还是党支部和村委会的一个短板。希望党委、政府的精准扶贫能把贵溪村的经济带动起来，让村民们尽快脱离贫困，也希望将来村里有能力的年轻人、愿意为村民服务的经济能人接过贵溪村支部书记的担子。

第五章

贵溪村可持续发展的
对策建议

第一节　绿水青山如何变成金山银山

　　2015年5月25日，习近平总书记在浙江舟山农家乐小院考察调研时表示："这里是一个天然大氧吧，是'美丽经济'，印证了绿水青山就是金山银山的道理。"习近平指出："你善待环境，环境是友好的；你污染环境，环境总有一天会翻脸，会毫不留情地报复你。这是自然界的规律，不以人的意志为转移。""我们要认识到，山水林田湖是一个生命共同体，人的命脉在田，田的命脉在水，水的命脉在山，山的命脉在土，土的命脉在树。"习近平总书记"绿水青山就是金山银山"的阐述早已深入人心，绿水青山既是构筑人与自然和谐共生的美丽环境，更是生态文明建设重要的组成部分。党的十八届五中全会所提出的"促进人与自然和谐共生，构建科学合理的城市化格局、农业发展格局、生态安全格局、自然岸线格局，推动建立绿色低碳循环发展产业体系"即建设生态文明的题中应有之义。

绿水青山不仅是一道美丽的风景、生态宜居的生活环境，同时还是可供经济社会发展的资源，蕴含着产业发展的优势。

贵溪村地处群山环抱之中，森林覆盖率达65%以上，良好的自然植被造就了这里通透清朗的空气质量，山上竹树密布，溪水淙淙，林间好鸟相鸣，野趣横生，置身于贵溪的山水之间，确乎有一种"游目骋怀，足以极视听之娱"的心旷神怡之感。但贵溪的山水又是一片未曾开发的"处女地"，它是纯自然生态的。如何把这一片美丽的绿水青山变成"金山银山"，成为贵溪人脱贫致富的依托，是摆在贵溪村两委面前的一项新课题。贵溪村既不能单纯为了经济利益以牺牲环境求发展，也不能守着"金山银山"过穷日子，要把生态资源优势变为经济优势、竞争优势，实施青山绿水转型升级战略，探索一条经济增长和环境保护共赢的路子。

目前，县、乡政府正加大力度改善镇村道路，开展危房改造、水电、通信网络等基础设施建设，这为下一步贵溪村发展生态休闲养生游提供了便利，通过加大宣传推介力度，让更多的人了解贵溪、走进贵溪，相信贵溪的生态环境会吸引源源不断愿为"清新空气"买单的游客。有人认为，像贵溪这样的风物景致仅良上镇就有不少，算不得稀奇，但从发展的角度讲，无论是在三穗县的其他乡镇还是在良上镇，谁先发展起来，谁就能占据市场先机，正是"若待上林花似锦，出门俱是看花人"的道理。借助产业扶贫资金，精心规划，先上一至两个示范点，然后再进一步推开，自然会在贵溪形成示范效应。贵溪村外出打工的人多，部分家庭具备一定的资金力量，发展农家乐、自驾游式的休闲旅游形式具有可操作性。

贵溪村茂密的森林为发展林下经济提供了优越的自然条件，山林中野鸡数量不少，利用林下食料丰富、绝无污染的优势，发展散养山鸡、竹鼠，满足人们对高质量肉食的需求，可带来良好的市场效益。山间流动的泉水，经年不竭，优质的水源、稳定的水温为养殖虹鳟、金鳟等活水鱼类提供了得天独厚的条件。此外，贵溪当地湿润的气候条件适合冬笋生长，如果镇村有意引导扩大冬笋的种植，也会较快形成稳定的收入来源。

秀美的自然风光、优质的空气水源、绝佳的生态环境可以使贵溪村走上与贵州其他石漠化山区不同的发展之路。着力将生态优势转化为经济优势，多年来一直被认为的弱势地区虽然工业经济欠发达，但"绿水青山"可以转变为休闲养生的资源优势，如能发展成为休闲、养生、度假的目的地，同时将民族文化体验、生态养生、运动休闲、避暑度假功能融入其中，贵溪无疑将成为当今体验式生态、休闲旅游业的好去处。

一　贵溪，绿色田园生活的真实写照

在贵溪，空气质量优良天数每年一直保持在 300 天左右。据环境部门提供的数据，贵溪一带的农村空气中平均每立方厘米负氧离子含量达 3600 个左右。这样的环境、这样的空气质量，在城市里绝对算是奢侈品了，在贵溪却是居民生活的常态。良上镇镇长胡世猛介绍说，山清水秀、空气质量绝佳是良上镇、村可持续发展的重要依托，随着基础设施建设的进一步完善和良上镇、村百姓居住环境的美化，吸引更多的企业在不破坏当地良好生态的前提下到此投资兴业，吸引更多的城市人群来良上观光休闲正在变成可能。当一些城市居民在一片灰蒙蒙的雾霾中进进出出时，我们可以随处呼吸到新鲜的空气，感受到一派绿色田园风光。"绿水青山就是金山银山"，在良上镇党委书记杨程涵看来，良上镇的绿水青山、茂密的森林和洁净的水源就是美丽乡村发展的无价之宝，守住了这方绿色生态的净土，也就守住了良上镇的"金饭碗"。

如今，乡村旅游、休闲观光及农家乐的投融资形式正在从政府主导向企业主导转变。政府通过完善基础设施建设、出台招商引资的优惠政策和进行地区整体资源的宣传推介吸引各种形式的投资主体。既可以通过村两委对一家一户的林地进行流转，也可通过"公司＋农户"的形式吸收接纳村民入股或成为公司的职工。在精准扶贫、精准脱贫的攻坚阶段，镇党委和政府、村两委利用扶贫专项资金亦可成为投资的主体，因地制宜发展相关产业，惠及广大贫困户。

二　做好生态文章，打造绿色有机产业

　　良上镇是一个没有平原的乡镇，山地面积占镇域面积的 90% 以上，可耕地大多处于高山夹峙的河谷地带，贵溪村的可耕地也大抵如此，且分布零散，还有一部分山岭坡地，人均占有耕地面积不足 0.5 亩，每户还拥有零星的菜地。即使有限的土地能实现高产稳产，仅仅依靠土地上的粮、菜产出，也远远解决不了贫困户的脱贫问题，只是满足了村民自家的口粮和蔬菜所需。在当下中国农村产业经济发达的地区，或依托乡村工业化，或依托土地规模化种植和特色农业的发展，而像贵溪这样一家一户、自给自足的小农经济是不在其列的。但贵溪的优势在于，这里没有任何工业企业，绝少污染，优质的空气和水源为高效有机农业的发展提供了得天独厚的条件。只要引导农户尽可能减少或不用农药化肥，这里的产出就都是绿色有机产品。但在贵溪村，有机农业的发展必须面对人多地少的实际，因地制宜，选准适合当地的种植、养殖项目。

　　良上镇基本没有工业企业，吸纳当地人口就业的机会少，土地资源有限，没有产业基础，在推进小城镇化建设过程中，还应尽可能避免建设用地对耕地的挤占。在一个主要靠青壮年外出打工收入养家的村庄，必须要从人多地少、工业化程度低的现状出发，着力发展有机农业、绿色农业、特色农业和高附加值农产品，特别是像西方的"小众食品"，质量好，价格高，其经验值得良上、贵溪借鉴。制作这种食品的农作物，不用或少用农药化肥，只需增

加农业人手投入，精耕细作。在贵溪，因为外出打工的人多，当地有老年人、妇女从事田间管理的习惯，粮食、果蔬、禽畜品种较多，大力加强这种食品的生产，既能增加农民收入，又可提高居民食品质量。今后，良上镇的各个村庄可根据自身实际围绕绿色有机、特色种植、养殖、生态休闲，依托当地资源禀赋，扬长避短、错位发展，最终通过发展产业实现富民脱贫。

第二节　贵溪村发展乡村旅游的优势及思考

一　贵溪村发展乡村旅游的优势

在 2016 年 9 月 30 日贵州省第十二届人民代表大会常务委员会通过的《贵州省大扶贫条例》中，第二十二条明确指出：各级人民政府及有关部门应当把美丽乡村建设和发展乡村旅游、山地旅游作为精准扶贫的重要途径，推动乡村旅游全域化、特色化、精品化发展，带动贫困人口创业就业，增加贫困人口资产、劳动等权益性收益，实现脱贫致富。

条例同时指出：各级人民政府及有关部门应当科学编制乡村旅游扶贫规划，与国民经济和社会发展规划、土地利用总体规划、县域乡镇村建设规划、易地扶贫搬迁规划、风景名胜区总体规划、交通建设规划等专项规划相衔接。

各级政府对发展乡村旅游的重视和支持，为旅游资源相对丰厚的贵溪村带来了机遇。但一个地方旅游业的兴盛，或源于历史文化遗存的厚重，或源于自然风光的秀美，或源于民族风情的独特，抑或是满足了游人对美食、购物、娱乐的需求。各级政府通过利用旅游资源，大力发展旅游业，使旅游资源产生直接或间接的经济效益，使旅游产品的生产、交换、消费在贫困地区同时发生，从而实现部分财富、经验、技术和产业向贫困地区的转移，增加贫困地区旅游参与人员的收入，从而使其脱贫致富。

旅游扶贫对于贵溪一带的村庄来说，其自然风光、民俗风情和风物产出能较好地满足人们休闲、自驾和体验式旅游度假的需求。但旅游更是一种产业，通过为游客提供吃、住、行、游、购、娱等服务，获得经济效益和产出，吸引村民参与其中，增加就业，提高收入。尽管贵溪一带有古朴的村落、淳美原生态的自然风光、乡村气息浓郁的农耕文化，是富有民族特色的苗寨侗乡，但离旅游产业构成的要件还有诸多欠缺。

到底什么样的乡村才真正适合发展乡村旅游？在过去的十几年中，不少村庄通过发展旅游走出了一条脱贫和产业发展相结合的成功路子。在国家扶贫攻坚的整体战略中，有这样的规划，就是在目前的261.5万个自然村、57万个行政村中，全国设定目标是到2020年实现10万个乡村旅游特色村。

乡村旅游有别于一般的旅游品种，既区别于传统的旅游景区，也不是单一对外的餐饮酒店，而是一个社会经济综合体的范畴。过去，凡是适宜发展乡村旅游的村庄，大多是市场基础好、与大中型城市相去不远而且临近成熟的景区、大型的旅游项目或者政府规划的重要旅游区域，位于出行便捷的交通干道附近。这些村庄都是比较容易成型的乡村旅游目的地。

以贵州安顺天龙的屯堡古村寨为例，这个具有600年历史的明代古村落位于距贵黄高等级公路只有半个小时车程的山中，至今还保存着明代江南的文化风俗和明代屯军的文化遗风，石头砌成的房子，具有防御功能的建筑，无论是高高低低的街道，还是迷宫一样的建筑布局，完备的供水系统及良好的防御设施都堪称是明代社会、军事生活的活化石。屯堡古村寨以其所具有的旅游资源的独特性，加之位于贵阳去黄果树瀑布景区的旅游线路上，自然吸引了众多的游客前往。与黄果树瀑布遥相呼应，同时形成了两个景区发展的相互促进，这就是乡村旅游良好的市场依托效果。

此外，乡村旅游的发展还在于乡村基础设施建设的加强，在汽车越来越普及的今天，让游客进得来、出得去，有良好的供水、供电、网络、通信等。这些基础有赖于政府旅游扶贫专项资金的投入，通过市场运作形成企业投资则更好。基础设施不完备常常成为制约乡村旅游发展的瓶颈，这也正是那些虽然风景优美，民风也很淳朴，古村落保存完好却没有吸引多少游客前来的主要原因之一。虽然旅游资源禀赋不错，但交通不便，旅游大巴开不进去，这就制约了景区对游客的承载。像贵溪村贵九年自然寨虽地处白云深处，风景淳朴自然，但一旦下雨，车辆根本开不上去，道路等基础设施的薄弱使乡村旅游的发展无从谈起。

有专家认为，传统的村落，特别是独具风情的少数民族村落，从风貌、景观上更多地保持了传统的风格，加上环境生态优良，是容易打造成富有特色的乡村旅游景点的，如果再加上乡村自有的优势产业，比如果蔬业、渔业、养殖业、传统手工业和具有民族特色的食品，就会进一步增加旅游的体验内容，易于成为一个好的乡村旅游景点。

二　贵溪村发展乡村旅游面临的困难及对策建议

（1）良上镇、贵溪村作为省、自治州和三穗县的贫困地区，过去受观念、资金和生产传统的影响，从来没有在旅游产业的发展上破题，产业基础薄弱，尽管有好的旅游资源，但一直是"养在深闺人未识"。旅游产业的发展离不开科学的规划、精准的市场定位及提供的旅游产品内容的丰富性，这一切在良上镇，无论是旅游开发规划，还是扶贫开发规划，都还没有实质性的开始。地区旅游的发展离不开政府及相关部门对旅游通道、公共服务设施等旅游基础设施的建设，政府在健全旅游信息咨询、提供安全保障服务体系、改善贫困地区旅游发展环境和发展能力方面要有所作为。

（2）旅游产业发展需要共识联动。乡村旅游扶贫是通过旅游产业的发展与扶贫产业相融合形成的新兴产业形态。两者的有机结合需要政府部门的顶层设计，需要党委、政府对乡村旅游与农村产业发展的关系、乡村旅游与扶贫开发的作用、乡村旅游与巩固农村经济地位形成统一的认识。在良上镇，旅游发展和扶贫帮困的结合尚属新生事物，必然有一个探索、开始、逐渐尝试发展的过程。就目前而言，还没有完全形成产业发展共识，对乡村旅游扶贫思路不明确，理念不清楚，引导不给力；乡村旅游扶贫宣传推荐力度不够，社会认知度不高，重要性和紧迫性没有得到凸显；旅游、文化、工商、税务、卫生、防疫等部门的管理服务还没有形成配套跟进，产业联动发展机制还没形成。

（3）乡村旅游发展急需开发富有特色的旅游产品。近十几年来，乡村旅游从无到有，同时也在经历升级换代、内涵发展，以尽可能地满足不断个性化的旅游需求。让游客来得了、住得下，吃得有特色、玩得开心，这一切都需要精心勾画，在每一个环节提供及时周详的服务，满足不同人群的旅游期待和服务需求，而不再是简单的"几间房，几张床，天热歇个凉"的低端旅游产品。目前在云南洱海、浙江莫干山、江西瑶里一带出现的旅游新品——休闲特色民宿已不单是吃住的所在，而是包含诸多文化艺术元素在内的生活真趣之旅、具有较高市场附加值的旅游产品。良上镇的乡村旅游发展虽然起步晚了，但规划起点要高而有特色。仅靠一个村的力量，还有那些尚未脱贫的人们，尚不足以承担起包含众多产业发展元素的乡村生态休闲旅游。贵溪一带的旅游发展一开始应着力避免因开发方式粗放、急功近利、模式单一、文化内涵单薄造成的过分同质化和低俗化现象。从某种程度上说，一个地区、一个乡镇或者一个村庄的旅游发展也是这些地方文明程度、思想观念、经营意识和乡情民俗的直接体现。同时，旅游的发展对乡村旅游经营者、当地能工巧匠、导游、乡土文化讲解员、创新人才及各类实用人才的培训、水平提升起到积极的促进作用。

（4）发展乡村旅游要兼顾贫困户的利益，让贫困户分享到旅游发展的红利。发展乡村旅游，资金投入比较集中。在良上镇的各个村庄，一般群众和贫困户的力量不足以承担旅游开发的投入。或者通过政府的扶贫专项资金助力乡村旅游，或者通过招商引资形式吸引产业投资者介入当地旅游开发，由政府或村两委根据村民意愿以自己的林地、民居、牲畜或手工艺入股参与到旅游经济之中。具备条件的农户也可以通过开办农家乐、乡村旅馆，开展接待服务，或是通过出售自家农副土特产品等方式，参与到乡村旅游中。但从近几年开办农家乐、乡村庄园提供接待食宿服务的现实情况看，经营者都是村中那些具备资金实力、有一定经营能力的能人，目前政策资金支持的主要也是这些项目，政策的红利自然也就大多由这部分人享受了。贫困群众由于参与发展的资金和技能有限，大多数只能通过打工或参与土地流转获得收益，旅游扶贫的优惠政策主要由工商企业和能人享受。过去的扶贫模式、政策扶持资金主要针对项目实施，客观上造成了"扶富不扶贫"现象，如何破解"扶富不扶贫"的政策难题，需要在编制旅游发展规划时把保障贫困户更多地分享旅游增值收益考虑进去，对吸纳贫困户参与的旅游开发项目给予更多的支持，做好产业发展和扶贫帮困两者利益的兼顾和协调，或者专门设计适合贫困户参与经营的小项目。良上镇给予贫困村、贫困户的扶贫资金，如果贫困村、贫困户一时没有致富项目可投入的，扶贫资金将直接通过镇政府投入相关产业中，贫困户享受入股分红，使建档立卡贫困村、贫困户得到实实在在的政策实惠。《贵州省大扶贫条例》中也明确了对旅游扶贫的奖励和扶持制度：县级以上人民政府对带动贫困人口稳定脱贫的旅游经营者给予一定奖励，对到贫困地区发展乡村旅游的经营者、录用有劳动能力贫困人口的旅游经营者和自主开展乡村旅游的贫困户给予贷款贴息、资金补助和其他政策扶持。

发展乡村旅游扶贫是精准扶贫、精准脱贫的创新和延伸。但在贵溪当地调研时，村干部和部分村民也表示了担心，觉得这方自然的山水多少年了也没有吸引过游人来，能行吗？而在良上镇另一个少数民族村雅中村，村干部特意带领调研组参观他们成片的苗寨吊脚楼，说一定要好好保护起来，还有村中的大树，一棵也不能砍伐，将来用于发展乡村旅游。对于贵溪一带的村干部和绝大多数村民而言，乡村旅游还是新鲜陌生的行当，如果没有政府和相关部门的着意引导扶持，单纯的一家一户不可能发展起乡村旅游来，旅游目的地是片区经济效益，需要具备一定的接待规模，是集"吃、住、行、游、购、娱"等服务消费于一体的综合业态和系统工程，而且旅游开发还要和生态保护有机结合起来，这一切都需要发挥党委、政府敢想、敢试的主动性，把地方优势和产业发展、旅游开发和精准扶贫融合到一起，变贫困片区为富有民族特色的旅游景区。

在黔东南苗族侗族自治州的一些县市，可利用丰富独特的旅游资源，开展乡村旅游扶贫工作。良上镇可以组织各村干部和有志于发展乡村旅游的农户参观学习，借鉴吸收，通过发展乡村旅游来带动当地种植业、养殖业和农副产品加工业的升级转型，还可以进一步活跃当地商品流通市场，改善贫困村的生态和人居环境，推动镇村经济社会的全面发展。

发展乡村旅游扶贫，在让贫困群众参与旅游经营的同时，也为提升贫困群众的综合素质发挥了积极的作用。随着旅游业在贫困地区的兴起，一批贫困村为了搞好接待，让城里人留得住、玩得开心、愿意购物，在政府、旅游部门和扶贫干部的支持下，对村容村貌进行综合整治、美化、亮化环境，并制定了一批村规民约，开展了一些待人接物的培训，使群众的综合素质有了明显的提升。

第三节　发展产业经济　助推帮困扶贫

贵溪村在过去多年中，依靠单一的耕作生产模式解决了自身的温饱问题，却没有从根本上摆脱贫穷落后的面貌，脆弱的家庭经济，微薄的收入来源，一场病、一场灾或多一个孩子上学都可能把家庭带入贫困的陷阱中。没有适合村民特别是贫苦村民参与的增收项目，他们或因身体原因或因自身能力不足无法外出打工，镇村提供的就业机会本来就少，就只能在山村里坐守贫困。因此因地制宜发展产业经济，让尽可能多的贫困户参与其中，是村庄自身实现帮困脱贫的最直接、最有效的途径和手段。

良上镇在扶贫攻坚措施的落实中，针对贵溪村实际，购进 92125 尾鱼苗为村民免费发放，发展稻田养鱼项目，惠及 88 户村民家庭；自 2015 年开始的山羊养殖项目，每户可领到 5 只山羊，受益贫困户 8 户；还有商品鸭养殖项目，惠及 10 户；蛋鸭养殖项目，惠及 8 户。村中最大的产业扶贫项目是贵溪村贵尧脱贫攻坚养殖专业合作社，创立于 2016 年 5 月，由四位贵溪青年回乡牵头成立，草创初成的养牛合作社如今养殖的英国"安格斯"优质肉牛已达 30 多头，银行贷款加上四人的投入累计达 70 万元。合作社的打算是通过养牛带动贵溪村 92 户贫困户增收脱贫，把牛犊无偿提供给愿意养牛的贫困户，农户养殖一年可使肉牛达到 600~700 公斤，养成后由合作社负责回收。合作社负责人周宗木为调研组算了一笔账：一头牛扣除 3500 元的牛犊成本，可给养殖农户带来 1 万元收入。如果四口之家养殖两头牛，不出问题的话，当年便可实现脱贫。合作社计划三年内把养殖规模扩大到 500 头，那时便可实现较好的规模效益。

图 5-1 贵溪村"安格斯"肉牛养殖合作社

  合作社负责为发放给农户的牛犊防病治病,若养殖方法得当,肉牛一天可以生长一公斤。养牛合作社建在前往贵溪村大榜坡自然寨的半山腰上,生态条件极佳,四面林木环绕,山涧流响,每天合作社割来新鲜的草料搀着粮食喂牛,完全实现了有机养殖,肉牛出栏后市场销路不愁。合作社理事长周彰林在贵州、浙江打工多年,先后开过车,在鞋厂做过加工、开过门店,总觉得外出打工不是长久之策,当他把回乡创业的想法和现为合作社法人的周宗木一说,两个年轻人的致富愿望不谋而合,两人又联系了愿意回乡创业的李国河和当年刚从贵州财经大学毕业的万文海一起注册成立了贵尧养牛合作社。到 2017 年 11 月四人投入合作社的资金已达 108.8 万元,尽管创业之初面临的困难众多,但四人还是努力坚持下来,每天喂牛、卫生清理和防疫等细碎的工作全由四人承担,出于成本考虑,合作社没有雇人。2017年良上镇打算投入合作社93万元的财政扶持资金,以贵尧合作社为主体,采取"合作社+贫困户"的发展模式,将现有建档立卡贫困户87户352人以每户量化资金6000元入股合作社,共计55.8万元,合作社与贫困户的利益联结机制分为两个阶段:一是在肉牛养殖产生利润之前,按照入股资金的8%进行每年保底分红;二是在肉牛养殖产生利润之后,按照利润额的60%分给贫困户,同时,合作社将免费发放牧草种子给村内的贫困户种植,并以不低于市场价的标准进行收购。良上镇副镇长毛瑞明认为,当地有良好的养牛条件,草料丰富,加上良好的生态环境,只要坚持做下去,一定能帮助贫困户实现脱贫。

贵溪村另一个产业扶贫项目受惠于财政扶贫资金的鼎力支持。2016年,良上镇财政资金扶持的600亩马铃薯种植项目,其在贵溪村落实种植面积80多亩。贵溪的土地有机肥含量较高,土壤墒情好,适宜马铃薯种植且产量高、品质好,脱贫效果快,在种植成功率上有保障。同时,为了确保种植户销路,发挥好财政扶持资金更大的经济效益,良上镇主动与教育部门对接,将项目所产的马铃薯引入学生"营养餐"的采购清单,彻底解决了群众的销路难问题。

产业扶贫项目在让参与的贫困户直接受益的同时,还让他们获得了更多的生产技能,无论是种植还是养殖,既需要掌握一定的方法、技术、经验,还需要勤快,这对部分贫困户的慵、懒、散的生活习惯起到了矫正作用。以色列人的谚语说：人生的本分一是勤劳，二是节俭。这其实也是中国人历年来的持家治家美德。有了产业项目支撑的贫困户生活有了奔头。有恒产者有恒心，正如贵溪村那位欠了很多外债也要把大房子修起来的曾令谋所说，有了外债，心中就有了压力，发家致富的动力就更足了。你总不能欠着那么多债住着大房子不还吧？曾令谋的话也说出了愿意通过发展产业脱贫的村民的心声。

通过产业扶贫，可以增强贫困村庄、贫困人口摆脱贫困的自我发展能力。从县域、镇域贫困治理的经验来看，除了那些丧失劳动能力的老、弱、病、残者可以通过社会兜底式的救助扶贫以外，对于贵溪这样一个主要靠外出打工获取收入的村庄来说，乡村产业经济的发展不仅可带动

图 5-2　贵溪村村民的手工编织

那些没有外出打工的闲散劳动力，而且还能吸引那些具有市场经济意识和较强劳动技能的外出打工者回乡创业，进而增强农村产业经济发展的人员流失问题。贵溪村贵尧养牛合作社正是这样一个范例，虽然事业初创，但四个返乡创业的年轻人对未来信心十足，如果合作社能再带动贵溪近百户贫困户脱贫，无疑将产生更强的示范带动效应。对于很多外出打工者来说，也是苦于在家乡找不到挣钱的机会，如果在家乡同样也能获得不错的收入，相信会有更多的外出务工者愿意回到自己的家乡。贵溪村产业扶贫脱贫是在政府主导、财政资金扶持、金融部门贷款及相关政府扶贫人员的引导下破题的，虽然步履蹒跚，但毕竟迈出了第一步，在不断的探索中前行，逐渐累积经验，最终通过产业发展推动贫困村、贫困人口走上经济内生增长、自我脱贫致富的可持续发展之路。

第四节　扶上马送一程　脱贫后的政策延续

《贵州省大扶贫条例》第十六条中明确规定：建立健全脱贫认定机制，按照脱贫标准和程序，实现脱贫销号、返贫重录、政策到户、脱贫到人。贫困县、贫困乡镇、贫困村、贫困户经脱贫认定后，按照国家和本省有关规定在一定时期内继续享受扶贫政策。《贵州省贫困县退出实施方案》中对贫困县、贫困乡（镇）、贫困村的退出也制定了详细的标准：以实现扶贫对象精准扶贫、精准脱贫为主要目标，通过确定规范的贫困县退出标准和程序，对贫困人口、贫困村、贫困乡（镇）、国家扶贫开发工作重点县发展情况和脱贫进程实行有效动态管理。

一 重点县"摘帽"

重点县在继续执行省定"减贫摘帽"政策的基础上，做好省定"减贫摘帽"标准与国定退出标准（全县贫困发生率低于4%）的有效衔接，确保与国定退出标准保持一致，并按退出计划实行分期退出。一是2014年（含2014年）之前已实现省定标准"减贫摘帽"的25个重点县，自2015年起，必须加大扶贫开发工作力度，每年贫困发生率确保下降4.3个百分点以上，到2017年底全部按"全县贫困发生率低于4%"的国定退出标准和退出计划实行刚性退出。二是未实现省定标准"减贫摘帽"的重点县，继续按照省定"减贫摘帽"标准进行考核（即年度贫困发生率下降4.3个百分点以上、农村居民人均可支配收入达到年度考核标准）。从达到省定"减贫摘帽"标准的次年开始，按照"贫困发生率年度下降4.3个百分点以上"的标准进行考核，并按国定退出标准和退出计划实行刚性退出。到2020年全省50个重点县全部"摘帽"。

贫困县退出按照省确定退出名单、公示公告、省级核实、报国家备案的程序进行。

二 贫困乡（镇）"摘帽"

贫困乡（镇）"摘帽"按"贫困发生率年度下降 4.3 个百分点以上"的标准，由市（州）进行年度复查，确保稳定脱贫。尚未实现省定标准"摘帽"的贫困乡（镇），在年度考核时，达到"贫困发生率年度下降 4.3 个百分点以上"和"农村居民人均可支配收入达到年度考核标准"两个指标，即可"摘帽"。并在"摘帽"次年起，按"贫困发生率年度下降 4.3 个百分点以上"的标准，由市（州）进行年度复查。

贫困乡（镇）"摘帽"按照县乡逐级申报、市州考评、省级核实、社会公示、省扶贫开发领导小组认定的程序进行。

三 贫困村退出

贫困村退出执行国定退出标准。以贫困发生率和村级集体经济为主要衡量指标，在实现"贫困发生率年度下降 4.3 个百分点以上、村集体经济积累不低于 3 万元"两个指标时，即可退出。

贫困村退出按照县乡初选对象、县级公示公告、省级备案管理和信息录入的程序进行。县乡确定初选对象时，要综合考虑村基础设施和公共服务建设、产业发展、贫困发生率等情况。由县扶贫开发领导小组办公室组织有关部门开展入村调查、摸底核实、组织实施并逐级上报省扶贫开发领导小组办公室审定。

四 贫困人口脱贫

贫困人口脱贫以贫困户年人均可支配收入稳定超过当年国家贫困标准、有安全住房、家庭无辍学学生为主要衡量指标。当地最低生活保障标准超过当年国家贫困标准的地区，凡纳入低保的家庭，视为贫困人口。贫困人口脱贫按照乡村提名、民主评议、入户核实、户主签字确认、村委会公示、乡镇审核、县级公告、市州汇总、省级备案管理和信息录入的程序进行。

尽管贵州省在贫困县、贫困乡（镇）、贫困村、贫困人口的退出方面做出了明确规定，但作为全国贫困人口最多、贫困程度最深的地区之一，按照贵州全面实现小康的核心标准测算，到2020年，农村贫困人口收入要达到1000美元（人民币6300元左右）扶贫线，实行政府政策兜底的贫困人口的收入也将不低于6300元。按照这一标准，到2020年贵州省无力脱贫、无业可扶的贫困人口依然有158万人，加之因灾和不可预计原因返贫的55万人，需要政府兜底脱贫的人口将有213万人。按照中央提出的"减量提标、双线合一"的扶贫脱贫意见，即逐渐减少农村低保保障人口，不断提高低保人口的保障标准，并且将农村低保线标准向扶贫标准靠拢，到2020年实现民政部门的低保线与扶贫部门的脱贫标准线"两线合一"，切实发挥好低保对贫困人口脱贫的最后一道防线的作用。

在乡村实施脱贫帮困的具体实践中，有两条线在同时运行，一是扶贫部门根据地区贫困标准划定的脱贫线，如在良上镇贵溪村，凡年人均收入低于 3146 元标准的群体，根据本人申请、村庄评议、乡镇审查、村庄公示无异议后再报县里备案即可纳入建档立卡贫困户的范围，而同样作为社会救助的人群，农村的"低保户""五保户"则是民政部门按照国家标准通过层层审查确定的，扶贫部门遵循的原则是"保户不保人"，民政部门是"保人不保户"，按照扶贫部门的标准，建档立卡的一般贫困户不在低保对象范围内，而民政部门对低保户发放的社会救助补助金、计划生育补助金、优抚金等各类补贴不作为收入计算，有的农村低保户所获得各类补贴超过当地的贫困标准，这使一部分民政部门确定的"五保户"和"低保户"因收入超过贫困线而未被列入精准扶贫的序列内。针对贫困户实施的人均补助 2 万元的生态移民搬迁户和家庭中有高中阶段学生的贫困户享受的"三助两免"在一些低保户中也兑现不了。扶贫部门掌握的是每年贫困人口减少多少，保证在规定时间内如期脱贫，良上镇的整体脱贫时间是 2018 年 12 月 31 日，这就需要在不到两年的时间内贫困人口的全部退出；民政部门对低保户实行规模控制，要求到 2020 年低保人口占农村人口比例不超过 6.5%，因此要实现贫困人口和低保人口的"两线合一"和扶贫两项制度的有效衔接，科学解决"两线合一"过程中出现的遗漏和偏差，真正实现有劳动能力的贫困户通过产业扶贫摆脱贫困，无法通过产业帮扶、无劳动能力的贫困人口全部通过农村低保兜底实现脱贫。

在良上镇贵溪村的调研中发现，仅仅以年人均纯收入

3146 元作为衡量贫困户与非贫困户的标准，在现实操作中也会产生有失公正的偏差，正如良上镇一位干部谈到的，仅凭人均纯收入有时很难界定贫困户和非贫困户。第一，农民不会把一些隐性的收入和盘托出；第二，农户的个人存款属于隐私，调查者无权查询；第三，无论是通过"四看法"还是乡邻调查，实际看到的和真实情况总会有出入。有些原本家境不错但因病或因学致贫的家庭和一向生活邋遢、不讲究吃穿住但有一定存款的非贫困户家庭给识别者带来了困难，如三穗县一位领导所言，村庄里的贫困户和一般农户之间并无太大的区别，贫困是一个相对动态的概念和状态。

随着良上镇、贵溪村实现全面脱贫期限的临近，一般贫困户和低保户都将实现现行标准下的脱贫，即使一些群众在数据测算上超过或达到了扶贫线的标准，但他们的实际生活可能还会处于贫困之中。处于低保边缘群体中的相当一部分脱贫户由于自我发展能力、自我保障能力的弱小及社会保障兜底政策的不健全还会因病因灾得不到救助而返贫，这类群众就特别需要扶贫政策的延续，需要中央、省、自治州扶贫政策对这部分群众"扶上马送一程"，减人不减资金，确保这部分群众不因为已经脱贫而实际生活质量有所下降。在现实中这种担心并非没有道理，比如农村低保对象退出后，其医疗救助的比例会从70%减至50%，这在自然条件差、产业基础薄弱、群众实际生活水准低下的贵州贫困山区县、乡、村将造成直接的影响。不因脱贫而降低对底层困难群众的政策帮扶，不因低保户的减量而使退出低保的群众所得到的救助减少，保持国家扶贫政策在一个特定的时间节点之后的有效延续，不断完善修正制度缺陷和漏洞，进一步提高社会兜底保障水准，使享受兜底扶贫对象和退出低保序列的群众基本生活与全面小康社会相适应。

第六章

大扶贫战略下的贵州
精准扶贫、精准脱贫

第一节　多措并举、精确制导，助力扶贫攻坚

2016年9月30日，贵州省第十二届人民代表大会常务委员会第二十四次会议正式通过《贵州省大扶贫条例》（以下简称《条例》）。《条例》对贵州省大扶贫做出明确阐释：大扶贫是指把脱贫攻坚作为头等大事和第一民生工程，统揽经济社会发展全局，构建政府、社会、市场协同推进和专项扶贫、行业扶贫、社会扶贫等多方力量、多种举措有机结合的大扶贫格局，争取国家和其他省（区、市）支持，动员和凝聚全社会力量广泛参与，通过政策、资金、人才、技术等资源，全力、全面帮助本省贫困地区和贫困人口增强发展能力，实现脱贫致富的活动。大扶贫

应当树立创新、协调、绿色、开放、共享的发展理念，坚持开发式扶贫的方针，贯彻精准扶贫、精准脱贫的基本方略，遵循政府主导、社会参与、多元投入、群众主体的原则。

《条例》指出：大扶贫应当做到扶贫对象精准、项目安排精准、资金使用精准、措施到户精准、因村派人精准、脱贫成效精准，通过基础设施建设、发展生产、易地扶贫搬迁、生态补偿、发展教育和医疗、社会保障兜底等措施实现贫困人口脱贫。

为落实中共中央、国务院关于扶贫开发政策精神和确保"十三五"期间消除贫困、改善民生、实现现行标准下贫困县退出和贫困人口的全部脱贫，贵州省根据本省实际，围绕精准扶贫、精准脱贫制定、出台了一系列脱贫攻坚计划方案、意见和政策措施，形成了举全省之力、多措并举实施脱贫攻坚的工作格局。在实施大扶贫战略的实践中，形成了可资全国借鉴、复制、推广的"贵州经验""贵州模式"，成为全国扶贫开发的"省级样板"。

对于贵州的扶贫攻坚，习近平总书记指出，"贵州贫困面广、贫困人口多、贫困程度深，是全国扶贫开发的一个主战场"，要"看真贫、扶真贫、真扶贫"，"把扶贫开发工作抓紧抓紧再抓紧，做实做实再做实，真正使贫困地区群众不断得到真实惠"，"确保如期实现中央确定的到2020年扶贫对象不愁吃、不愁穿，保障其义务教育、基本医疗、住房，即'两不愁、三保障'扶贫开发工作目标"。

为贯彻落实习近平总书记等中央领导关于扶贫开发工作的重要指示和中共中央办公厅、国务院办公厅印发的《〈关于创新机制扎实推进农村扶贫开发工作的意见〉的通知》，贵州省委、省政府适时出台了《贵州省"33668"扶贫攻坚行动计划》。"33668"扶贫攻坚行动计划，即在三年时间内实现减少贫困人口 300 万人以上，通过实施结对帮扶、产业发展、教育培训、危房改造、生态移民、社会保障精准扶贫的"六个到村到户"，完成小康路、小康水、小康房、小康电、小康讯、小康寨基础设施的"六个小康建设"任务，使贫困县农村居民人均可支配收入达到 8000 元以上。围绕这一计划，贵州省同时配套出台了六个政策文件，分别是《贵州省贫困县党政领导班子经济社会发展实绩考核办法》《贵州省扶贫开发领导小组关于建立贫困县约束机制的工作意见》《关于进一步动员社会各方力量参与扶贫开发的意见》《贵州省公募扶贫款物管理暂行办法》《关于建立财政专项扶贫资金安全运行机制的意见》《贵州省创新发展扶贫小额信贷实施意见》，以确保"33668"扶贫攻坚行动计划的完成。

早在 2015 年 12 月，伴随着《中共中央 国务院关于打赢脱贫攻坚战的决定》的出台，贵州省委、省政府出台了《中共贵州省委 贵州省人民政府关于坚决打赢脱贫攻坚战确保同步全面建成小康社会的决定》，这一决定针对贵州省贫困面积大、贫困程度深、贫困人口多的实际，指出，贵州省集中连片的贫困地区大多处于扶贫难度大的深山区、石漠化山区和偏远少数民族地区，致贫原因复杂，因病、因残、因学致贫、返贫的现象突出，村庄空心化及留守老人、儿童问题凸显，扶贫攻坚确已进入啃硬骨头、攻坚拔寨的关键阶段。针对这一实际，贵州省为保证精准扶贫、精准脱贫的实施，制定"十项行动"规划充实扶贫攻坚的内容、路径：基础设施建设扶贫行动、产业就业扶贫行动、生态移民扶贫行动、教育扶贫行动、医疗健康扶贫行动、财政金融扶贫行动、社会保障兜底扶贫行动、社会力量包干扶贫行动、特困地区特困群众扶贫行动、党建扶贫行动。"十项行动"囊括了扶贫攻坚实施的方方面面，成为贵州省指导市（州）、县、乡实施精准扶贫脱贫的顶层设计和指导性文件。

自"十二五"以来，贵州省农村贫困人口从 2011 年的 1149 万人减少到 2014 年的 623 万人，到 2016 年贫困人口减至 439 万人，25 个国家扶贫开发重点县、525 个贫困乡镇按照省定标准实现"减贫摘帽"。为进一步落实《中共贵州省委 贵州省人民政府关于坚决打赢脱贫攻坚战确保同步全面建成小康社会的决定》（以下简称《决定》），做好"十三五"时期扶贫开发工作，贵州省围绕《决定》随后又出台了"1+10"（1 个《决定》+10 个文件）政策配套文件，力促精准扶贫，全力推进扶贫攻坚。这十个政策文件分别是《关于扶持生产和就业推进精准扶贫的实施意见》《关于进一步加大扶贫生态移民力度推进精准扶贫的实施意见》《关于进一步加强农村贫困学生资助推进教育精准扶贫的实施方案》《关于提高农村贫困人口医疗救助保障水平推进精准扶贫的实施方案》《关于全面做好金融服务推进精准扶贫的实施意见》《关于开展社会保障兜底推进精准扶贫的实施意见》《关于进一步动员社会力量对贫困村实施包干扶贫的实施方案》《关于加快少数民族特困地区和人口数量较少民族发展推进精准扶贫的实施意见》《关于充分发挥各级党组织战斗堡垒作用和共产党员先锋模范作用推进精准扶贫的实施意见》《贵州省贫困县退出实施方案》。十个文件涉及全省精准扶贫的十个重要方面，分别从目标、基本原则、路线图、实施措施等多个方面对文件做了解释和说明，成为贵州省当前和今后一个时期做好扶贫开发工作的总遵循、任务书、作战图和时间表。

扶贫开发贵在精准，重在精准，成败在于是否精准。"1+10"配套文件涉及面广，贯穿了精准性的要求，特别强化了配套化的措施，制定了基础设施建设扶贫、产业和就业扶贫、生态移民扶贫、教育扶贫、医疗健康扶贫、财政金融扶贫、社会保障兜底扶贫、社会力量包干扶贫、特困地区特困群体扶贫、党建扶贫等十项精准扶贫行动，明确了"党委主责、政府主抓、干部主帮、基层主推、社会主扶"的五个关键，把握2017年和2020年两个时间节点，以"五个一批"为主要路径，以"33668"扶贫攻坚行动计划为重要抓手，确保到2020年实现623万贫困人口全部脱贫，50个贫困县全部摘帽，解决区域性整体贫困。

除10个配套文件之外，贵州省委还印发了《关于以改革创新精神扎实推进扶贫开发工作的实施意见》，省政府办公厅转发《贵州省农村最低生活保障制度与扶贫开发政策有效衔接实施方案》《贵州省整村推进扶贫开发实施细则》，特别是2016年制定出台的《贵州省大扶贫条例》进一步明确了各级政府在扶贫攻坚中的责任担当和角色定位，对扶贫对象和范围、扶贫项目和资金管理细则、措施保障、绩效考核及法律责任等做出了详细的规定。如《贵州省大扶贫条例》第六条："各级人民政府负责本行政区域的大扶贫工作，实行省负总责、市（州）县落实、乡（镇）村实施的管理体制，建立和完善大扶贫目标责任和考核评价制度"，"省人民政府负责扶贫工作目标确定、项目下达、资金投放、组织动员、检查指导；市（州）、县级人民政府抓落实，负责进度安排、项目落地、资金使用、人力调配、推进实施；乡镇人民政府、街道办事处（社区）负责具体的组织实施"。

贵州省立足精准扶贫、精准脱贫构建起了一套完整的政策、目标、措施和考核体系，进一步丰富了中国从国家层面实施的精准扶贫理论和实践，为全国其他省份和地区实施脱贫攻坚提供了可资借鉴的经验。《贵州省大扶贫条例》作为国务院扶贫办向全国推介的样本多次印发。国务院副总理汪洋在对贵州扶贫攻坚深入调研后指出："贵州的经验可信可行、可学可用、可复制、可推广，不是盆景，而是风景。"贵州省实施大扶贫战略中形成的经验和做法正是深入领会贯彻习近平总书记扶贫开发重要战略思想、把国家战略决策部署与贵州实际相结合探索出的一条实践路径。

第二节 扶贫攻坚的省级设计和市、县两级的层层落实

中共中央办公厅、国务院办公厅 2016 年 10 月 19 日印发的《脱贫攻坚责任制实施办法》（以下简称《办法》）明确指出：脱贫攻坚按照中央统筹、省负总责、市县抓落实的工作机制，构建责任清晰、各负其责、合力攻坚的责任体系。《办法》还明确了市、县级党委、政府在扶贫攻坚中的责任："市级党委和政府负责协调域内跨县扶贫项目，对项目实施、资金使用和管理、脱贫目标任务完成等工作进行督促、检查和监督"，"县级党委和政府承担脱贫攻坚主体责任，负责制定脱贫攻坚实施规划，优化配置各类资源要素，组织落实各项政策措施，县级党委和政府主要负责人是第一责任人"。

县级党委和政府应当指导乡、村组织实施贫困村、贫困人口建档立卡和退出工作，对贫困村、贫困人口精准识别和精准退出情况进行检查考核。制定乡、村落实精准扶贫精准脱贫的指导意见并监督实施，因地制宜，分类指导，保证贫困退出的真实性、有效性。

市、县党委、政府根据贵州大扶贫战略的规划皆成立了党政主要负责人任双组长的领导体制。作为地方经济社会发展的头等大事和第一民生工程，只有把大扶贫战略落到实处，方能真正体现市、县两级党委、政府当前最大的政治责任担当。这也是习近平总书记在中央扶贫开发工作

会上所强调的"脱贫攻坚任务重的地区党委和政府要把脱贫攻坚作为'十三五'期间头等大事和第一民生工程，坚持以脱贫攻坚统揽经济社会发展全局"的真正含义。

作为"十三五"时期经济社会发展的首要任务，以脱贫攻坚统揽社会发展全局，坚持省负总责、市（州）抓落实、重在乡村的工作机制，三穗县所在的黔东南苗族侗族自治州在强化"党委主责、政府主抓、干部主帮、基础主推、社会主扶"的大扶贫格局中，实施党政主要领导任双组长的负责制，通过层层签订责任状，层层落实责任制，把中央、国务院和省委、省政府的顶层设计结合自治州实际制定的脱贫攻坚措施层层传递落实到县乡。出台了《中共黔东南州委 黔东南州人民政府关于贯彻落实〈中共贵州省委 贵州省人民政府关于坚决打赢扶贫攻坚战确保同步全面建成小康社会的决定〉的实施意见》等"1+10+9"政策措施，同步成立双组长领导的扶贫开发领导小组，建立脱贫攻坚指挥部，建立健全指挥部调度机制、观摩机制、督查巡查问责机制等，使大扶贫战略的省级顶层设计在黔东南自治州落地生根。

特别值得一提的是，黔东南自治州实施的专项扶贫指向不同贫困类型的农村贫困地区、贫困人口，强调扶贫措施的针对性和有效性。其扶贫形式主要有：以改善贫困地区基础设施和生产生活条件为主要目的的整村推进、移民易地搬迁扶贫和以工代赈扶贫；以帮助贫困地区和贫困户发展生产、增加收入为主要目的的产业化扶贫和连片开发扶贫；以增强贫困户自我发展能力为主要目的的"雨露计划"培训和科技培训、示范与推广；以农村低保户、五保户、重点低保对象、低保边缘户以及重残人员、重大疾病无自救能力的困难户为主要对象实施的最低生活保障制度和农村医疗救助、临时专项救助、自然灾害救助等。扶贫政策、措施、目标、任务设计层面的无缝覆盖为不同类型的贫困划定了一个实施的范围，为各负其责的实施主体提供了一个基本遵循，使精确制导下的扶贫帮困政策的落实产生了实实在在的效果。如黔东南自治州在过去几年中仅在农村贫困地区投入扶贫移民资金就达 16475.1 万元，这些资金的注入和项目的支撑，使扶贫重点村的面貌发生了显著变化。全州贫困人口由 2011 年的 167.29 万人减少到 2015 年底的 81.34 万人，减少了 85.95 万人，一半多贫困人口成功脱贫，年均减少贫困人口 17.19 万人，贫困发生率由 42.11% 下降到 20.91%，降低了 21.20 个百分点。包括三穗县在内的施秉、麻江、岑巩、台江、天柱和雷山 7 个扶贫开发工作重点县实现省级标准"减贫摘帽"。舟溪、旁海等 103 个贫困乡镇实现省级标准"减贫摘帽"。凯里、麻江、岑巩和雷山 4 个县市的贫困乡镇发生率为零，贫困乡镇发生率从 75.6% 下降到 25.37%，为黔东南自治州"十三五"脱贫攻坚任务的完成奠定了坚实基础。

在扶贫攻坚任务的实施中，有几种错误的认识得到了及时匡正。经过 30 年的农村扶贫开发，贫困人口大量减少，扶贫工作取得了明显的成效，贫困发生率已经大幅下降，在扶贫边际效应呈递减之势时，有人认为，农村贫困现象的存在对社会经济影响不大。只要经济发展了，贫困问题就可以迎刃而解；有的人认为，扶贫开发对 GDP 和税收的增加贡献不大，抓得好不好不影响全局；还有一种观点认为，国家在农村建立了最低生活保障制度，对绝对贫困人口的生存温饱问题做了"兜底性"安排，贫困问题解决得差不多了，开发式扶贫不如救济式扶贫。这些错误认知实际上是对全面建成小康社会的误读，不让每一个农村贫困人口掉队、让每一个贫困人口都能感受到扶贫政策的雨露滋润才是"消除贫困、改善民生"的应有之义。

在政府专项扶贫、行业扶贫和社会扶贫相结合的扶贫格局中，一向的做法是扶贫资金跟着项目走，项目又归属于不同的部门管理，这就造成了扶贫工作条块分割的体制，无法形成更加科学有效的分工与配合机制，也不利于在源头上对各项资金进行整合和统一使用。因此，专家建议，省、市、县都应建立一个能够整合政府各涉农部门资源，形成一个能快速决策、协调一致的长效大扶贫机制。同时，要注重消解不同扶贫单位和部门之间的职能和措施的交叉，使各种扶贫力量形成有机的合力，方能更好地克服扶贫体制机制中的局限和部门偏见，使新一轮扶贫开发充满生机和活力。

省、自治州在扶贫攻坚的方方面面都做了具体的规划，仅在教育方面，贵州省就出台了扶持偏远和贫困地区教育的详细规定，以体现"扶贫先扶智，扶智重教育"的宗旨：对长期在农村基层和艰苦边远地区工作的教师，在工资、津贴、职务、聘任、住房等方面实行政策倾斜；鼓励各级政府对长期在贫困地区从教、贡献突出的教师定期予以奖励。到 2016 年，贫困地区学前三年教育毛入园率有较大提高，达到 95% 以上；九年义务教育巩固率达到 85%，高中阶段教育毛入学率达到 63%，高等教育毛入学率达到 27%；保持普通高中和中等职业学校招生规模大体相当。在 1840 所学校建设学生宿舍，使农村小学在校生寄宿率达到 30%，初中在校生寄宿率达到 70%，并且为贫困家庭学生提供免费的营养午餐；为 14.5 万农村教师建设周转宿舍 7.2 万套共 253 万平方米，实现农村教师"安居乐教"。

扶贫的目的在于在规定的时间内实现有效的脱贫，在贫困户精准识别、纳入建档立卡、有针对性地实施扶贫过程中，以实现"两不愁、三保障"为目标，防止贫困识别和贫困退出的不实不准。对此，贵州省、黔东南自治州专门出台规定，对脱贫工作要综合考虑地区贫困人口规模、贫困程度、发展基础、工作和投入力度等因素，坚持时间服从质量，既要防止拖延病，又要防止急躁症。严禁层层加码，搞数字脱贫。出台的扶贫考核政策规定中明确规定了出现以下六种情况不得对贫困户做脱贫处理：①未实现"不愁吃、不愁穿"的，基本温饱没有得到稳定保障的贫困户不能脱贫，未实现安全饮水的贫困户不得脱贫，纳入水利部门农村安全饮水提升计划尚未落实的不能脱贫；②未保障义务教育的，即贫困户子女因贫造成辍学的不能脱贫，贫困户子女因为贫困不能完成"普及九年义务教育"或者"普及九年义务教育"阶段没有获得教育资助的不能脱贫；③未保障住房安全的，即贫困户无安全住房的不能脱贫，纳入危房改造的贫困户在没有完成危房改造或未落实易地扶贫搬迁的不能脱贫；④因灾返贫的，即当年遭受水灾、火灾、地质灾害及暴风雪等自然灾害，导致返贫或致贫的，不能脱贫，应按照精准识别程序纳入贫困户建档立卡系统；⑤未对贫困户落实帮扶措施的，即对当年拟脱贫的贫困户未实现帮扶措施不能脱贫，坚决防止年初拟脱贫代替年底脱贫和被脱贫两种行为；⑥未保障基本医疗的，即贫困户家庭成员没有参加新型农村合作医疗的不能脱贫，患病家庭成员报销比例低于国家和省有关政策规定的不能脱贫，贫困户家庭成员患国家和省政策规定的大病没有获取大病医疗资助或大病医疗保险的不能脱贫。

为保证贫困户精准识别过程和退出机制的规范有效，确保贫困户从识别到退出过程中产生的每一个文件、每一次具体帮扶、所要完成的每一个规定动作都要保持完备的记录，都要保存在一户一档中。省、自治州文件规定，一户一档应保留的资料包括：贫困户申请书，村民组织或村委家庭情况调查结果记录、民主评议，民主评议包括会议记录、参会人名单、评选方式及产生的票数或者其他结果；初选名单公示7天；两公示一公告后的最终贫困户名单；家庭基本情况表，其中涉及帮扶责任人，帮扶计划、帮扶措施实施情况、帮扶有效的部分需帮扶责任人如实填写，做到与致贫原因对应的精准帮扶；帮扶责任人建立的帮扶台账；必须由贫困户签字的脱贫确认表。

应当说不厌其详、不厌其细、一切为了落到实处的扶贫帮困措施和做法为县乡精准扶贫脱贫的实施提供了可供遵循的具体路径，党委主责、政府主抓的扶贫体制更有利于调动整合社会各方力量凝聚到脱贫攻坚这一政治使命和"第一民生工程"上来。集中各方力量办大事，凝聚上下智慧致力于扶贫开发是一项利在百姓、功在当今的惠民工程。贫困，是人类社会面临的共同课题，帮困脱贫是习近平总书记提出的"构建人类命运共同体"的重要内容之一，中国当下举全社会之力实施推进的精准扶贫、精准脱贫事业已经收到了实实在在的成效，数以千万计的贫困人口在党委、政府的脱贫攻坚中摆脱了多年来贫穷的命运，融入全面建成小康社会的序列中，不能不说是人类治贫脱贫的实践奇迹，也会为世界范围内的贫困治理提供可资借鉴的成功经验。

第三节　对政府主导下扶贫政策的建议与思考

　　党委、政府主导下的精准扶贫以其强大的政策优势正显现立竿见影的效果。把脱贫攻坚作为统揽经济社会发展全局的总抓手、第一民生工程和头等大事，调动社会各方力量参与其中，使贫困县、贫困乡镇、贫困村和贫困人口得到了多层面、多方位的帮扶和救助，来自政策的阳光雨露进一步辐射到过去扶贫容易忽略的地方和几十年扶贫而未曾脱贫的社会群体中。一层层的指标任务，一次次的督促、检查、落实，甚至因扶贫脱贫工作不力被一票否决的考核指标使脱贫攻坚更像是一场输不起的战役，党委、政府打赢脱贫攻坚战的决心和信心成为 2020 年全面建成小康社会的根本保证。

在扶贫政策对扶贫领域实现全覆盖的同时，在扶贫开发的具体实施中也遇到了一些与政策有关的问题。在贵州这个全国贫困人口最多、贫困面最大、贫困程度最深的省份所显现的贫困问题的多样性与制定的政策之间出现一定落差或衔接不上的情况当属正常，下文中将从政策层面、社会层面和贫困户个人层面做出梳理、分析。

一　政策的短板

1. 对"天窗县"和"插花"贫困乡、村的支持力度不够

在贵州重点扶贫的三大片区中，遵义市的余庆县、绥阳县，六盘水市的钟山区、盘县，黔东南自治州的凯里市，黔南州的都匀市，黔西南州的兴义市等县都已纳入"天窗县"，并且已经纳入"十二五"片区实施规划文本中，但由于国家下达的片区县名单中未将这些县列入，故不能享受国家有关支持政策。此外，贵州省还有片区外的"插花"贫困乡、村的 160 万名贫困家庭学生未享受到国家"营养午餐计划"的特惠政策。建议国家在政策层面将贵州 5 个"天窗县"纳入片区县，给予片区县特惠政策支持，以解决片区县的整体贫困问题，同时对片区以外的"插花"贫困乡、村给予片区县特惠政策，使贫困家庭学生都能享受到"营养午餐计划"和县、乡、村公路建设及管护标准提高的政策性补贴，以及在教育、卫生、医疗、

水利等片区发展方面的优惠政策，达到共享相同贫困条件下扶贫政策红利的目标，使不同片区的贫困人口享受到同样的政策惠泽。

2. 低保贫困户和五保贫困户能否如期脱贫退出的问题

2016 年 4 月，国家出台的《关于建立贫困退出机制的意见》中明确：贫困人口退出以户为单位，其主要衡量标准是该户年人均收入稳定超过国家扶贫标准且吃穿不愁，义务教育、基本医疗、住房安全有保障；贫困村退出以贫困发生率为主要衡量标准，统筹考虑村内基础设施、基本公共服务、产业发展、集体经济收入等综合因素，原则上贫困村贫困发生率降至 2% 以下（西部地区降至 3% 以下）；贫困县退出以贫困发生率为主要衡量标准，原则上贫困县贫困发生率降至 2% 以下（西部地区降至 3% 以下）。就目前情况看，贵州省在全国建档立卡系统中，有低保贫困人口、五保贫困人口 186.36 万人，占全省 3510 万农村户籍人口的 5.3%。据测算，到 2020 年，如果低保贫困户和五保贫困户不能如期退出，那么贵州 66 个贫困县将有 48 个贫困县（占比 72.7%）不能按照"贫困发生率下降至 3% 以下"的退出标准实现退出。对此，建议按照国家标准退出的贫困县、乡、村以剔除辖区内社保兜底人口的方式来计算贫困发生率，确保退出的贫困县、乡、村贫困发生率在 3% 以下。

3. 2014 年、2015 年已经脱贫的农户是否能够继续享受国家扶贫政策优惠的问题

国家《关于建立贫困退出机制的意见》中明确规

定:"贫困人口、贫困村、贫困县退出后,在一定时期内国家原有扶贫政策保持不变,保持力度不减,留出缓冲期,确保实现稳定脱贫。"但在具体扶贫实践和政策落实中,部分县乡反映,国家部委在检查督查中认为,已经脱贫的农户就不应该再享受扶贫政策优惠,如继续享受便作违规处理。在这方面建议应遵循国家出台的《关于建立贫困退出机制的意见》,实现与政策意见的统一,对2014 年、2015 年已经脱贫的农户,在"一定时期内国家原有扶贫政策保持不变","一定时期"指的是脱贫后两年还是到 2020 年这一规定的攻坚期内?对此,国家方面应出台指导性意见,进一步明确"一定时期"指的是从2015 年到 2020 年的攻坚期,在这段时间内,按照"扶上马送一程"的要求,脱贫人口继续享受国家原有扶贫政策。一是对已列入"十三五"易地扶贫搬迁规划的建档立卡贫困户,还未实施易地扶贫搬迁并已脱贫的,可继续享受易地扶贫搬迁政策;二是对有在校贫困学生的脱贫户,可继续享受教育补助直到大学毕业,为的是有效防止因学返贫;三是对已脱贫,但家中还有大病或慢性病患者的,可以继续享受"四重医疗保障",有效防止因病返贫。

二 经济学意义上的脱贫和现实中的贫困

在经济学上有一个很重要的现象,一个国家人均 GDP达到 3000 美元时,意味着这个国家开始走向现代化的界限，换句话说，意味着一个国家和民族摆脱了贫困，开始过上幸福和小康的生活。但现实中并非如此，2008年，中国人均GDP是3400美元，2016年中国人均GDP达到7800~8000美元，但对于众多的贫困户来说，他们的生活依旧过得很艰难，在三穗县贵溪村，一些贫困户的收入和负债的总和已经超过了3000美元的水准，他们是否感受到了幸福和小康？从他们的现实生活状况来看，日子过得还很拮据，依然没有摆脱贫困。这其实是一个值得关注的现象，在3000美元这个界限和拐点之后，幸福指数与经济效益并没有呈现正比关系。以贵溪村为例，那些盖起了数百平方米楼房的父辈们，其中还包括尚处在贫困中的家庭，这一辈抑或下一代在未来十年或几十年中也许不用再盖房子了，这项家庭最大的支出去除以后，下一代会追求什么？如果说这一代人追求房子、追求金钱、追求生活得更好一些，但下一代人十几年后替代父辈走到前台的时候，他们开始追求幸福，对幸福的追求正符合人生自我实现的三个层次，即底层的生存、中间的社交和高层的自我实现。2020年之后，当绝大多数贫困者脱离贫困和绝对的贫困消失之后，是否会如经济学家所言，也许过不了多长时间，无论我们怎么挣钱，都不会过得更加幸福，我们的幸福感不会随着我们的收入开始上升了。

贫困并不仅仅意味着缺钱。[1]的确，在党委、政府一系列精准的扶贫措施特别是巨额的财政转移支付扶贫资金

① 〔印〕阿比吉特·班纳吉：《贫穷的本质》，景芳译，中信出版社，2013，第5页。

支持下，现行标准下的脱贫只是一个时间问题，问题在于政策主导下的脱贫攻坚在完成既定的目标之后，能否培养起贫困户参与生产、融入社会创造财富的能力，这也是即使整个社会的人均 GDP 达到近万美元的时候，还会有大量贫困人口的存在，因为他们仅仅成了人均 GDP 中被平均的一员，自身并没有参与社会物质财富的创造，也没有完成多少社会物质产品的消费。

在现实社会中，很多原本贫穷落后的村庄走上了富裕之路，在能人经济引领的背后，还往往得益于全体村民的参与，因为一个村中仅仅有几户或十几户富裕了并不代表整个村庄富裕了，有了贫困户的广泛参与，并借此脱离贫困才是真正意义上的小康。习近平总书记所说的"小康不小康，关键看老乡"，这个"老乡"更多的是指那些农村的贫困群众，只有这一部分人群也成为小康社会中的一员，才是全面的小康。

我们要让脱贫后的群众"过上自己想要的生活"（乔布斯语），提升整个社会群体的幸福指数，在物质生活实现相对的满足之后，一起共享社会的文明进步。

三 贫困的个体因素和心理依赖

在当今社会中，造成贫困的原因是多方面的。贫困人口自身所处的社会劣势包括他们生活地区的自然环境与条件、自身的受教育状况、家庭成员构成、身体状况等，比如不会说普通话、有慢性病史、对健康的理解只是基于满足生存而非健康的生活习惯等都制约了他们由贫困进入小康或富裕的进程。

在扶贫实践中，还会发现这样一种现象，就是政府越来越完备的精准扶贫脱贫方略和措施造成了部分贫困户依赖心理严重从而造成自身发展动力不足。正如一位贫困村的村干部说的：我们依赖政府的实在是太多了，很多的人停留在这里等、靠、要，我们应该做的事就是在物质扶贫之外，更要重视精神扶贫，让更多的老百姓明白自己的家园是要靠自己来创造的。

一位直接参与扶贫的乡镇干部也道出了这样的心声：政府管得太宽了，管得了一时，还管得了一世吗？为贫困村的农户提供了水、电、路、网络等基础设施和公共服务政策的全面配套之后，让农户成为服务平台上的主角，自由施展脱贫创富的内生能力和姿态，这才叫真正的公平、公正，那些实在无力脱贫，因老、弱、病、残陷入贫困的农户只有让社会救助体制兜底了。过多地对农民指手画脚，大包大揽、一厢情愿地按照自己的主观意志为农民设计发展蓝图，甚至追求整齐划一、一步到位，反而捆绑了农民的手脚，消解了他们自身脱贫致富的内生动力。应从营造良好的外部发展环境入手，让农户结合自己的实际"量体裁衣"，充分发挥自身的长处和优势，这样或许能够在发展的道路上走得更快、更扎实。

两位在镇、村直接参与扶贫、与贫困户有着广泛接触的干部道出了农村部分贫困户的真实心理状况：自身发展动力不足，视政府为救苦救难的"菩萨"，依赖心理严重，坐等政府的救助，躺在救助温床上不思改变。对贫困户的特惠政策"断奶"之时，或许就是他们重陷贫困之日。此外，对贫困户实施的特惠政策，容易使那些刚刚脱离贫困和那些离贫困标准只有一步之遥的农户产生心理失衡，认为现在的扶贫政策是养懒汉、欠公平，从而有引发新的社会矛盾、带来社会治理问题的可能。

针对扶贫中出现的这种现象，一些参与扶贫政策制定和在扶贫一线直接参与扶贫的干部提出了自己的建议，在资金、技术和物质扶贫的同时还应该着力引导培养贫困户思想观念的转变，树立勤劳致富、脱贫光荣的社会风气，扶贫政策不养懒汉，让那些有劳动能力却坐等政策救助的贫困户逐渐通过参与产业扶贫项目尝到劳动脱贫的甜头。现实中也有不少这样的事例，贫困村中昔日出了名的懒汉依托政策帮扶和产业项目成功脱贫，走上了致富之路。不同的贫困状况、情况各不相同的贫困人群，特别是那些个别少数，更需要因贫施策，通过不同的方法和渠道找准结合点，循序渐进，在政府帮扶提供其基本生活保障的前提下，引导他们参加力所能及的生产劳动，改变自身的惰性和思维定式，逐渐融入劳动致富的社会序列中，成为自食其力的一员。

四 应重视社会教化的作用

美国有一位著名的法官布朗对教育的作用提出了这样的观点：教育是帮助一个人特别是一个孩子，在未来的生活中，更成功地寻求自己的幸福，而不是为社会机器塑造一个合适的螺丝钉。在贵州的贫困山区，令人欣喜地看到，国家对贫困地区教育的重视和扶持成为精准扶贫、精准脱贫的重要内容，即使在贵州的大山里，九年义务教育正在向普及十五年教育延伸，初中教育入学率已经实现整班移交，使这些地区的学生再也不可能像父辈那样出现文盲和小学文化程度的现象了。受教育水平的普遍提高，至少会让下一代避免因没有受过教育、融入社会的能力低而陷入贫困。教育会让一个人有意识地去规划自己的人生，走向从感性到理性的过程选择，不仅让人获得创造的能力，也会让人获得拥有幸福的能力。正如有句话说的，在一个不是每个人都能成功的世界里，一定要让你的孩子有一个获得幸福的能力，无论是生活在大都市还是生活在贵州的大山里。

　　贫困地区的教育其实不仅包含从幼儿园到高中阶段这十五年的学校教育，还应该包括在贫困村内父辈对子女的教育和整个村庄教化活动的实施。在父母为文盲或受教育水平较低的家庭里，我们发现这样一种现象：父母对子女的学习常常处于一种盲从和摇摆状态，往往不去关心或意识不到孩子的个性与悟性如何，只要他们还在读书就行，至于孩子到底学到了些什么？他们几乎很少去过问。偏远农村的不少学生的父母还有这样的认识：现在到处都是大学生，国家又不包分配，毕业后还要自己找工作，还不如早早出来打工，挣些钱早早成家，结婚生子，完成在他们看来一生的大事。还有的家庭一看子女学习成绩不佳，初中毕业便让孩子踏上了南下的打工之路。这样的选择往往使那些还没有认识到教育对人的一生具有重要作用的孩子们早早就结束了学业。今天，即使在教育受到各级政府部门高度重视的前提下，在不少贫困家庭中，由于父辈对教育意义的认知不足，还会自觉不自觉地传导到子女身上。这种现象在贫困地区应该得到进一步的重视，以防贫困家庭子女再次因教育的缺失造成贫穷的代际传递。

在贵州的崇山峻岭中掩映着的那些村寨，特别是少数民族村寨，过去数百年刀耕火种般的生活，闭塞的信息、交通隔绝了村民认识外部世界的视野，他们不知道，也不关心外界发生了什么，时间长了就变得难以明辨是非。外出打工的村民在获得比村里人更高的收入的同时，并没有把先进的理念和文明带回到村里来。好与坏、是与非的衡量标尺和参照，似乎仅仅与挣钱的多少有关，而其他的标准和参照则大大地弱化了。这倒是与当下中国市民社会中认为有钱就有本事、有钱便有一切的价值观不谋而合了，以至于那些不择手段、不计后果，甚至敢于挑战道义和法律底线之人，因为挣了钱、在家乡盖起了大房子，反而受到村民的崇拜，被认为是有本事，并将其当成教育孩子的榜样。

在世居大山的少数民族村寨中，过去每个寨子中都有一个寨老。寨老是村寨中礼俗和村民行为规范的标杆，受到寨子中老老少少的尊崇。如今，村庄宗族传统的权威早已被打破，而新的行为价值规范还有待进一步确立，如何让公民层面的"爱国敬业、诚信友善"深入人心，成为摆在乡村治理方面的重要内容之一。乡村教化活动的实施，期待形成引导村民养就健康向上的行为规范的乡风民约，通过与帮困扶贫措施的实施完成村庄文化力量的构建，逐渐改变沿袭日久的不良习俗。"极度贫穷的人将自己14%的预算花在节日或婚丧嫁娶中"（印度经济学家阿比吉特·班纳吉语），在贫困山区，一些农户尽管家境贫寒，但为了面子和风俗每年还会花费数千元钱甚至举债用于宴请和凑份子，以至于政府专门出台规定，严禁违规进行宴请、操办酒席，而且要签订承诺书。正如一位扶贫干部所言：穷就要思变，不能仅仅为了所谓的面子再瞎折腾。

与贫困者思维相对应的是乡村中那些腰包鼓起来的村民，他们或在外打工挣钱或在城里做生意，春节开着自己的车回家时，在自家的大房子中宴请乡邻，搓麻将打牌，出手大方。在村民的眼中，他们才是村子里的能人和成功者，说出话来才有分量，才理应被推崇为德高望重者。即使是那些考上大学、毕业后又在城市里谋得了一份工作的城里人，也会因其收入的微薄被唏嘘、调侃。从农耕社会中沿袭下来的朴素的乡风民俗逐渐被高度物化的世俗价值观颠覆了，传统的村风、家风有日渐式微、走向衰弱的可能。从这层意义上说，精准扶贫脱贫的要义就不仅是帮助贫困户实现物质上的脱贫，还应该在实现物质脱贫的同时构建起一种与文明和谐社会相适应的精神和心态。"仓廪实而知礼节，衣食足而知荣辱"，物质社会的丰富不应该成为弱化、消解人们内心善良、诚实、互信、互助的羁绊，贫困治理和乡村治理理应同社会公义良俗的教化结合起来。人与人之间的家长里短，邻里乡党之间的和谐友善，勤劳致富、节俭持家的村风乡俗，会伴随着党委、政府全力实施的脱贫攻坚和全面小康社会的建成升华为脱贫村庄里一道应有的风景线。

附　录

附录一 贵溪村贫困户满意度调查报告

一 贵溪村精准扶贫、精准脱贫调研的背景

2016 年 10 月，中国社会科学院启动国情调研特大项目，对全国范围内具有代表性和典型性的 100 个贫困村庄开展村庄国情调研，称为"精准扶贫精准脱贫百村调研"。通过入村入户调研，了解这 100 个村庄的基本情况、贫困现状、致贫原因及其演变，在政府主导下的扶贫脱贫过程中发生的变化、成效，并提出村庄发展的对策建议等。

本调研组最终选定贵州省黔东南苗族侗族自治州三穗县良上镇贵溪村作为调研的目标村，从大的层面讲，贵州省地处我国西南，是目前中国西部省区中贫困面积最大、贫困人口最多、贫困程度最深的地区，是国家"十三五"期间脱贫攻坚的主战场，另外，贵州省在三十多年的脱贫攻坚中逐渐探索出了"可信可行、可学可用、可复制、可推广"的"贵州经验"（2015 年 6 月 18 日国务院副总理汪洋在贵州调研时的讲话），为全国精准扶贫脱贫提供了一个样本。县乡脱贫攻坚的实践及取得的成效正是省一级脱贫攻坚政策方略、措施和顶层设计之于基层的最直接具体的显现。同时，贵州又是全国少数民族的聚居区，少数民族在贵州大山里繁衍生息的历史几乎就是一部与贫穷相

伴的历史，调研组通过对贵州几个少数民族村庄的比较筛选，最终确定了国家级贫困县三穗县、省级二类贫困乡镇良上镇所属的少数民族贫困村庄——贵溪村。

贵溪村地处黔东南自治州的大山深处，长期处于信息闭塞、交通相对不便的落后状态，少数民族占村民的97%，贫困发生率达17.43%，属于典型的少数民族贫困村庄。在这样一个少数民族村寨中，省、自治州扶贫攻坚政策措施集中发力，县乡帮扶惠农办法层层跟进落实，一个与贫困相伴相随了多年的小村庄在各级党委、政府精准扶贫脱贫的惠泽下，正逐渐走向摆脱贫穷、全面建设小康的社会序列中。

二 贵溪贫困户满意度调查的方法

在帮困扶贫、惠及民生的实践中，贵溪村的贫困户因何而贫？受教育情况如何？贫困户住房情况如何？对帮扶的满意度如何？调研主要针对以上几个方面的问题展开。调研采取定量分析和定性研究相结合的方法，分别通过与贫困户座谈、填写问卷、实地勘察和二次回访的方式展开。座谈时通过先与村干部了解贫困户的基本情况，再与贫困户面对面询问进行；在此基础上，根据村庄贫困户调研表的内容逐一向贫困户提问，详细填写问卷，通过问卷中贫困户对帮扶满意度的几个层级的如实填写，计算出各个层级所占的比例；通过实地勘察对照与问卷所填内容是否一致，半年后通过对贫困户的回访看生产、生活、教育医疗状况是否有所改善。本次针对贵溪村贫困户的满意度调查共发放调研问卷 75 份，有效问卷回收率为 100%，为保证调研数据的准确性，本次随机选取 60 户进行调查分析。调查样本的基本情况如附表 1-1 所示。

附表 1-1　调查样本基本情况

单位：%

类别	特征	比重	类别	特征	比重
年龄	18~35 岁	20.0	民族	汉族	3.5
	36~60 岁	45.0		苗族	36.6
	61 岁以上	35.0		侗族	58.3
受教育程度	未受过教育	8.3	政治面貌	布依族	1.6
	小学	28.3		中共党员	20.1
	初中	47.8		共青团员	1.6
	高中及同等学力	5.0		民主党派成员	0
	专科及同等学力	4.2		群众	78.3
	本科及以上	3.4			

资料来源：精准扶贫精准脱贫百村调研 - 贵溪村调研。
说明：本书统计图表，除特殊说明外，均来自贵溪村调研。

在对贵溪村贫困户问卷调研中，最明显的感受是贫困户受教育水平的低下。这大大地制约了他们参与社会生产劳动的机会，在受访的贫困户中，大部分只接受过小学教育，还有不少是文盲。这部分人几乎都不会说普通话，这妨碍了他们与外界沟通交流，而在这一年龄段的人群中接受过初中以上教育的，大多外出打工去了，但凡是外出打工的家庭中，贫困发生率大大降低，家庭人均年收入都在当地的贫困标准之上。受过专科及本科教育的人员主要是贫困户的子女，村中也未发现受过专科以上教育的农户还在村里坐守贫困的。因此受教育水平低下是贵溪村贫困的一大主因。

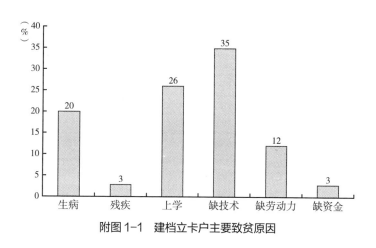

附图1-1　建档立卡户主要致贫原因

从附图1-1中的数据中可以看出，因病致贫者主要是指那些因老弱病残而失去劳动能力的村民，这部分贫困者最终通过社保兜底的政策帮助他们获得基本生活、医疗保障；因学致贫主要是那些孩子多又都在上学的家庭，特别是那些上着高中和大学的家庭，这部分家庭的收入不足以支付相对较高的学费，而政策所提供的教育补助不足以弥补学费的不足，有些家庭虽然收入尚可，但因上学孩子多、花费大而将整个家庭收入水平拖到贫困标准之下；缺技术致贫则和受教育水平低有着直接的关联，因为这部分贫困户尚具备一定的劳动能力，但除了简单的农活外，几乎一无所长，在就业机会本来就少的村镇上，找不到适合的工作；缺劳动力者是老弱病残家庭中的一部分，一个家庭，两位老人，年事已高，既无法外出打工，也几乎不能再承担其他生产性劳动，只好纳入低保、五保的社会兜底政策序列中。

良上镇对贵溪村建档立卡贫困户实施的帮扶项目至少有三项惠及整个贫困户家庭。其中涉及全部贫困户的贵尧养牛合作社项目，良上镇投到合作社的产业扶持资金计55.8万元，量化到每户贫困户的资金有6000元，在肉牛养殖产生利润之前，按照入股资金的8%进行每年保底分红；产生利润之后，按照资金产生利润的60%进行分红；还有稻田养鱼项目，也是由镇上为贫困户免费提供鱼苗，由农户进行养殖；此外针对贫困户的"特惠贷"，解决了一家一户发展小规模产业的资金缺乏问题。其余还有一些针对建档立卡贫困户每户家庭不同情况推出的具体帮扶措施，如危旧房改造、教育扶贫、医疗救助、异地搬迁安置、劳动技能培训等。大部分贫困户对帮扶项目是满意的，群众参与的积极性也较高（见附图1-2和附表1-2）。

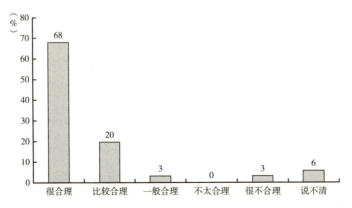

附图1-2 建档立卡户对本村安排的各种扶贫项目满意度

除了政府掏钱、贫困户入股并享受分红的项目之外，还有诸如无劳动能力者担心借了贷将来无法偿还，对产业发展项目持一种漠然的态度。

附表1-2　建档立卡户在生活出行方面对帮扶效果的满意度

单位：%

项目	"变好"	"没有变化"	"变差"
出行道路	90.1	9.9	0
住房质量	43.7	56.3	0
信息化建设	21.3	78.7	0
卫生计生	54.3	45.7	0
饮水方便	33.6	66.4	0

良上镇党委、政府对贫困户的帮扶体现在生产生活的方方面面，在针对每家每户实施的帮扶举措之外，还通过改善基础设施建设，集中进行村容村貌整治，实施小康路、小康水、小康电、小康讯、小康房、小康寨改造提升工程，从乡间公路通往每个寨子中的道路基本都已实施了水泥路面硬化，帮助一部分贫困户实施了危旧房改造，实现了家家户户通自来水，搬到新建住房中的农户实现了水冲式厕所，村庄中的宽带也已接通，大部分建档立卡贫困户家庭都拥有对外联系的手机。目前部分尚未完成异地搬迁安置的贫困户还住在老旧的木制吊脚楼中。不少上了年纪的贫困户对已通到寨子里的有线电视、宽带还不知为何物，他们的生活还远没有与信息化挂起钩来。住在十几年前建起的传统木制房子里的贫困户自然也没感觉到房屋有

多少变化。因为地处少数民族地区，现已全面推行的放开二孩指标和一直延续的计划生育服务对贫困户这一层面并没有产生实际影响。部分因学致贫的家庭孩子都至少在两个或两个以上。

对生活的满意度体现着贫困家庭成员的幸福指数（见附图1-3）。在贵溪村，年人均收入在3146元标准之下的家庭被定义为贫困家庭，列入建档立卡的贫困户序列中。这部分家庭中，或因病、因残，或因学、因无劳动技能等各不相同的原因陷入共同的贫困遭遇之中。除了尚能维持的温饱、子女上学的基本开支之外，家庭中几乎没有多余的生产发展资金和改善生活、提升生活质量的钱物，如果离开了政府和社会对他们的帮扶、救助，他们的生活无疑将更加惨淡。贫穷就像一

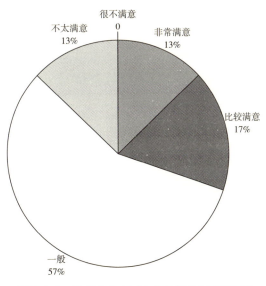

附图1-3 建档立卡户对比5年前的生活满意度

种病似的困扰着他们的生活，甚至消磨着他们的意志。调研组在贵溪村一些贫困户家中看到：破破烂烂的家什，邋邋遢遢的生活环境，还有交谈中偶尔的叹息声，让人感到贫困户对生活现状的些许无奈。尽管贫困户们得到了政府部门发展产业的扶持和种种优厚待遇，但他们的生活状况还是没有得到根本性的改观。例如，大榜坡自然寨中一户家庭本来兄弟几个外出打工，一开始收入还不错，后来弟弟得了尿毒症，透析的费用几乎耗尽了整个家庭的积蓄，尽管政府对这种病患者给予了医疗补贴，但仍显得杯水车薪，一场大病把一个原本收入不错的家庭拖入贫困之中，这在贵溪村呈现一定的代表性。这些贫困家庭与那些家有劳动力又在外打工的家庭收入上形成了鲜明对比，确如他们在调研表中所填写的：对生活的满意度为一般。其实这也是他们对生活现状的真实感受。还有那些贫病交加的家庭，他们对生活的现状表示很不满意也就是可以理解的了。还有部分具备劳动能力、收入尚可但因学致贫的家庭，在孩子上学的费用得到政府补贴、资助，解除了他们的后顾之忧后，对生活则表示比较满意抑或非常满意。因此，精准扶贫、精准脱贫的关键正如习近平总书记所说：党中央的政策好不好，要看乡亲们是哭还是笑。其要义正在于让更多的群众特别是贫困群众有更多的获得感，共享经济社会发展的成果，摆脱现行标准下的贫困，感受全面建成小康社会的福祉。

从附图1-4、附表1-3可以看出，贵溪村百姓对自己住房的满意度较高，通过对村中贫困户和非贫困户的座谈交流及实地查看，可以感到贵溪百姓对安居方能乐业的高度认同。无论家境如何，若有盖房的可能，大多不惜举债建设自家的新房。村民们的新房一部分建在原本就居住的寨子里，另一部分则建在了村庄通往镇政府道路的

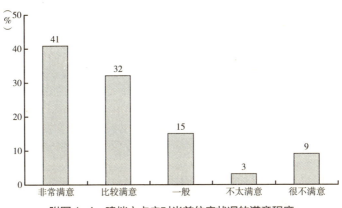

附图1-4　建档立卡户对当前住房状况的满意程度

附表1-3　贵溪村住房基本状况

单位：%

类别	特征	比重	类别	特征	比重
建造时间	5~10年	33.3	住房材料	草土坯	3.5
	10~30年	28.3		砖瓦砖木	36.6
	30~50年	23.3		砖混材料	58.3
	50年以上	15		钢筋混凝土	1.6
建造花费	1万~10万元	31.6	建造面积	50平方米以内	3.3
	10万~20万元	16.6		50~100平方米	38.3
	20万~30万元	38.3		100~200平方米	40
	30万元以上	13.3		200~300平方米	18.3

两侧，高高低低，鳞次栉比，从三层到六层不等，大多为砖混结构，建筑面积都在 200 平方米以上，这些房子因刚刚建成，外墙大多未做整饰，或许是因后续资金不足。建在寨子里的新房一些还沿袭苗族木制吊脚楼的传统，全部用杉木拼装搭建而成，也都宽敞明亮，民族风情浓郁。依然还住在破旧木屋里的村民大多是那些家中无劳动力，或因病、因残、因学致贫的建档立卡户。这些房屋老旧、破败、透风，有的木质结构已经腐朽，亟待修缮改造。一部分贫困户已由政府出资建起了砖混结构的楼房，一部分实施异地搬迁，他们将在三穗县城里分到一套 80 余平方米的楼房，并保证一人得到就业安置。还有一部分贫困户的危房已纳入政府实施的农村危旧房改造计划中。精准扶贫脱贫千头万绪，一切都在围绕消除贫困、改善民生的宗旨，为实现"两不愁、三保障"的既定目标加紧实施。贵溪村村民的居住条件正在发生着前所未有的改善、提升，与此相对应的是，一座座宽敞的楼房建起来，随后空置，那些有能力建房的农民基本都在外地打工，只有春节才回来住一段时间，平日里多是大门上锁或一两位老人住在空荡荡的大房子里，村庄的空心化和一栋栋盖起的新楼房正成为贵溪村当下无法改变的现实。

从附表 1-4 至附表 1-6 中可以看出，贵溪村产业经济薄弱，无论是粮食种植面积、经济作物面积还是畜牧养殖规模体量均较小，总体效益不高。贵溪村现有的两家合作社一家是贵尧养牛合作社，另一家是米酒合作社，都建成不久，规模效益尚没有充分显现。集体企业、加工制造业为零。粮食生产仅仅满足了自家吃饭的需要，即使无地耕种，外出打工的人们寄回半月的工资，也够家中的老人一年买粮所需了。问题在于，当外出务工成为村民主要经济来源的时候，已没有多少具备劳动能力的村民愿意困守田园，劳作一年一亩地所有的收成不及外出打工半月的收入，土地已经失去了对村民的吸引力，本来就有限的耕地却出现撂荒也就不足为奇了。因地制宜，发展产业经济，吸引外出务工村民回乡创业，需要搭建起就业、创业的平台，让那些积累了一定技术和能力的务工人员有钱可挣，这才是激活乡村经济发展的出路所在。

附表1-4　贵溪村庄经济发展

单位：个

指标	数量	指标	数量
农民合作社数	2	农业企业数	0
家庭农场数	1	加工制造企业数	0
专业大户数	1	批发零售、超市、小卖部数	2

附表1-5　贵溪村农业种植作物

主要种植作物	种植面积（亩）	单产（公斤/亩）	市场均价（元/公斤）	耕作起止月份
水稻	180	450	2.4	5月至9月
玉米	50	300	2.6	5月至8月
土豆	80	500	4	2月至5月

附表1-6　贵溪村主要养殖类型

主要养殖畜禽	出栏量（头/只）	平均毛重（公斤/头）	市场均价（元/公斤）
肉牛	45	600	13
稻鱼	600	0.5	60

附录二 贵溪人文地理田野调查报告

——精准扶贫精准脱贫百村调研札记

2017 年 1 月 10 日，已是农历的腊月十三。中国社会科学院国情调研特大项目"精准扶贫精准脱贫百村调研"赴贵州三穗县贵溪村项目组选择此时出发，源于两个方面的考虑：临近春节，村里在外读书的学生可能大多放了寒假回到家中；外出务工的村民应该陆续回家了。在此时前往贵溪村调研，应是一年中村民最齐全的时节。

项目选取全国范围内兼具代表性的 100 个贫困村作为调研对象，借此了解这 100 个村庄的贫困状况、贫困成因、减贫历程和成效，提出对策和建议。通过透视贫困村庄的脱贫举措，从而进一步为我国的扶贫脱贫事业提供现实和理论政策借鉴。

一 初识扶贫之惑

调研项目组到达贵阳当天，与贵州省社科联前来接机的周湘主任在回程途中即谈起贵州的扶贫工作。周湘曾在三穗县良上乡（现改为良上镇）上寨、下寨村包村扶贫一年半的时间。谈及这项从 1986 年就已开始的国家惠民工程，她说，一茬一茬的扶贫干部在帮扶贫困地区、贫困群众解决一系列实际困难的同时，也切实感到对有些贫困家庭的帮扶作用不大或者说帮扶的边际效应正呈递减之势。特别是那些因病、因残失去劳动能力的贫困户和贫困人口，有时给予的资金帮扶，虽暂时解一时之困，但终究不是长久之策。也有些通过种植、养殖等产业帮扶，因贫困户劳动能力不足而没有收到好的效果。丧失劳动能力的老、弱、病、残者除非实现全面的财政供养，似乎已无更好的办法，但这在现实实践中仍感难以操作。她对扶贫工作的感受和认识是：扶贫的作用当然是有的，但现状离目标还有不小的差距。

也曾在良上镇上寨村扶贫一年的贵州省社科联的袁从亮谈到扶贫的感受，他说，贵州省社科联现有 28 人，每人都要轮流下派驻村扶贫。他的困惑是：当地的群众大多盖有大的房子，但家徒四壁，屋中空空。当地农民的第一要务，就是有了点钱先建房子，然后欠下一屁股债。对村中贫困户的资金支持很容易让他们坐吃山空，帮扶的钱很快就花完了。帮扶干部为贫困户提供优良猪仔和鸡苗、鸭苗，很多户并不愿养，在他们看来还不如外出打点零工省事。

第二天，项目组到达三穗县，负责挂包良上镇扶贫工作的县委副书记姜继德、良上镇党委书记杨程涵，说起对当地贫困户的认识，在良上镇，按照统一的标准，把人均年收入低于 3146 元的家庭定义为贫困户。在村里，只要有劳动力外出打工的家庭，收入都在这一标准之上。贫困户大多是那些失去劳动能力的五保户和鳏、寡、孤、独者。同是贫困人群，人口、家庭情况也不一样，不少贫困家庭也修建了数百平方米的楼房，尽管负债，看起来好像并不穷。不少贫困家庭有政策兜底，收入或在 3146 元的标准之上，有的家庭即使已在这个标准之上，实现了脱贫，也不愿退出贫困户行列。平日里，村里的青壮年多赴浙江、广东、福建打工，有的家庭，春节回家直接在县城租了宾馆住，只是祭祖时回到村上。在良上镇，对贫困户的认识可能会有一些颠覆：有的家庭住的房子虽破，但有一定的存款；有的在路边盖了几层的楼房，却欠了很多外债，偌大的房子中陈设简陋，甚至空空如也。贫困的家庭呈现一定的相似性，可供支配的现金少，但也不是仅靠政府每年帮扶几千元就能达到完全脱贫的。

二 贵溪村：好山好水好穷困

从三穗县城去良上镇贵溪村的途中，一路全是平整顺畅的柏油路，间或有一段水泥路，也修得很平整。在贵州，县与县之间都有高速公路连接，县与乡镇之间也有顺达的柏油路。可以看出，国家对贵州基础设施投入巨大，特别是在交通方面。三穗县城设有高铁站，沪昆高铁由此通过，一小时便可达省城贵阳，县与县之间的高速公路穿山越岭，经过隧道无数，在号称"八山一水一分田"的贵州，交通上的投资之巨可想而知。从县城到贵溪村有35公里，40分钟车程。山间公路蜿蜒环绕，起起伏伏，视野不时被苍翠的大山所阻断。山上松林遍布，翠竹丛生，虽是寒冬，却满眼是勃勃的生机，远山含黛，绿意葳蕤，连日的阴雨为山顶的树木笼罩上一层朦胧的雾凇，恍如仙境一般。同为贫困地区，这里与我们曾到过的甘肃定西的干坼荒凉，宁夏西海固的贫瘠、缺水简直不可同日而语。我们在想，在这灵山秀水的地方，会隐藏着怎样的贫困？

车到贵溪，村支部书记邰诗伦把调研项目组一行领到他的家中，一座在公路边新建的三层楼房，外观上看起来蛮气派的小楼，进门一看，顿觉空空荡荡的，室内的墙上只抹了一层水泥灰浆，整个三层楼的房间里找不出一件像样的家什。邰书记介绍，盖房子是借亲戚朋友的钱，又从信用社贷了8万元，花费20多万元盖起来的。4口之家，除了种点地，他每月有1500元的工资进项，20万元花进去，楼的框架是起来了，再也没钱装饰买家具了，所以各个房间还是粗粗的水泥墙面。十几万元的外债，每月1500元的家庭收入，邰诗伦也不知道何时能还清。

邰诗伦书记向我们介绍贵溪村的情况：全村有四个村民小组，187户人家，872人，劳动力523人。其中建档立卡的贫困户到2016年底还有93户，贫困人口305人，贫困发生率为17.43%。

与邰诗伦家相似的，还有相距不远的曾令谋一家，也在公路边上建起了木制的三层楼房。这户刚刚脱贫不久的家庭，举债30多万元盖起近400平方米的房子，纯木质的房子看起来颇为气派，有些别墅的味道。曾令谋给我们算了一笔账：从信用社贷款18.19万元，从两个妻妹处各借了2万元，两个舅舅各借1万元，妻子在外打工每年有4万元收入，女儿出嫁时拿了6万元，如今盖房已花费37万元，可以说已负债累累。常年有病的曾令谋不能外出打工，依靠妻子在广东清远烧焦炭，每月能寄回3000

元的工资。所幸曾令谋的病由国家免费治疗，自己只需花少量的钱，这省去他不少的开支，他对目前的生活现状非常满意。政府的支持力度很大，在他看来，盖这么大的房子没有政府的无息贷款是无法想象的。房子，已成为贵溪人美好生活的寄托，显现了当地农民安居方能乐业的期待。有条件的要盖，没有条件的借钱也要盖。曾令谋的房子面朝公路，房前是一条宽阔的河流，河对岸即林木茂密的青山，可谓看得见山、望得见水，是一处山明水秀的所在。

在接下来走访的十几家贫困户中，或因老、或因病、或因上学孩子致贫。在贵溪，贫困家庭呈现一定的相似性，无劳动能力，土地产出微薄，无其他收入来源，这些家庭大多住在苗民传统的木制吊脚楼里，居所破败，脏乱不堪，室中几无长物，让人感到"贫穷不仅仅是缺钱，它会使人丧失挖掘自身潜力的能力"（阿玛蒂亚·森语）。这些贫困户受教育水平低下，大多是小学毕业，还有不少是文盲。如果不是看身份证，有的甚至说不出自己的出生年月。如果没有政府的扶贫补贴，他们的生活会更为拮据惨淡。

有几户孩子在外读书的贫困家庭，子女在外读大学、读高中花费了他们家庭的几乎全部收入，但让人感到不同的是，这些家庭在贫困的坚守中尚能感到未来的希望。教育会让每一个人受益匪浅，如果一个男人或女人受过良好的教育，拥有健康的身体，这无疑会增加一个人的安全感和信心；如果孩子们受到良好的教育，同样也就不会如父辈一样困守深山，他们会走出家门，在外面寻到一份工作，更容易摆脱父辈遭受的贫困。

三　党委、政府精准扶贫之路

2013年11月，习近平总书记在湘西考察时首次提出"精准扶贫"的思想，此后习近平总书记又多次予以阐述。《国民经济和社会发展第十三个五年规划纲要》指出："到2020年，确保我国现行标准下农村贫困人口实现脱贫，贫困县全部摘帽，解决区域性整体贫困。"在贵州，精准扶贫、精准脱贫已成为党委、政府的第一民生工程。统计表明，仅2016年，中央财政转移支付的扶贫专项资金就达2581.65亿元，列全国各个省区之首。

精准扶贫，首在精准识别。精准地在辖区人群中找出最贫困、最需要帮助的那部分人，采取因地制宜、切实可行的方案去帮助他们，通过"六个精准"（扶贫对象精准、项目安排精准、资金使用精准、措施到户精准、因村派人精准、脱贫成效精准）和"六项措施"（产业扶持、转移就业、易地搬迁、教育支持、医疗救助、社保政策兜底），最终实现精准脱贫的战略目标，已成为各级党委、政府的高度共识。

国家财政转移支付的扶贫款是通过县里划拨到乡镇，由乡镇政府负责具体实施的。在良上镇，每年由县里下拨的扶贫专款有500万元，加上其他的扶贫款项，有几千万元之巨，如何花好这笔钱，成为镇上的重要工作之一。

良上镇扶贫工作的构架是这样搭建的：镇上成立扶贫

攻坚领导小组，由党委、政府主要负责人任组长，其他班子成员任副组长，每个村设立一个专职扶贫站，由镇上30名机关干部分别任站长，实行一岗双责。县里每个直属部门都有挂包扶贫的干部，每个村庄有一位"第一书记"。以村两委为主导，对村里贫困户进行确认和脱贫退出的识别，具体的扶贫工作由镇上落实，充分利用好中央、省级财政转移支付的扶贫资金。

良上镇地处山区，山多地少，产业发展欠佳。主要申报了养殖业，把鸡、鸭、牛、羊发放给贫困户养殖，但目前效益不好。养殖需要技术，也存在风险，牲畜死亡率偏高。镇上还通过县里在各乡镇成立的扶贫分公司，吸收贫困户入股。比如，县里确定了140万元的项目，会把这140万元分给贫困户每户1万元，然后投到镇上分公司，入股农户每年享受不低于8%的分红，曾有人戏称为"傻瓜式分红"。镇上还通过惠民1+1工程，把贫困户的山地、房屋统筹起来，通过公司化规划和商业化运作，让每家参与农户得到实惠。

良上镇政府的办公楼墙上设置了"脱贫攻坚倒计时牌"，项目调研组到达镇上的这天，显示距2018年12月31日整体脱贫目标还有716天。良上镇作为一个典型的少数民族聚集镇，为贵州省二类重点扶贫乡镇，2014~2015年减少贫困人口1933人，贫困发生率由2014年的32.37%下降至23.01%。2016年减少贫困人口1537人，贫困发生率下降了7.44%，2017年的目标是全镇减少贫困人口1893人，到2018年再减少贫困人口3776人，包括民政、社保兜底的646户2052人，实现县里下达的脱贫攻坚目标。

附图 2-1　贵溪村贫困户张达俊一家在他的木屋前合影

扶贫攻坚中，镇党委书记、80 后的杨程涵坦言：国家下拨的扶贫资金很多，但有的花不出去，投入扶贫产业的资金回报不确定时，资金的风险就加大，项目到了镇上，你不去做，也要面临追责。镇领导班子平均年龄为 34 岁，尽管年轻，但仍感人手不足，县里工作要求高、时间紧，政府扶贫的惠民措施必须落实到每家每户，工作人员少，贫困户多，工作强度大，双休日很少休息。现在政府要管的事太多，上面千条线，下面一根针，杨程涵坦言，有些工作做得不够好或者根本没有精力和能力去做。

四　对贵溪村贫困的几点思考

在贵溪村，恐怕不少的贫困户都有这样的盘算：享受国家扶贫政策的惠泽，温饱早已不成问题，脱贫后却担心再也享受不到政策的优惠了，即使在现行贫困标准下已经脱贫，却依然希望得到扶贫政策的照顾。因此对贫困人口的精准识别和脱贫后的退出机制变得十分重要。

贫困户家庭肯定支持、欢迎扶贫，但钱该给谁不该给谁呢？识别贫困的指标设置了几十个、上百个，但在贫困识别的打分上总会有这样那样的预料之外的情况发生。其中有一户，儿子开了榨油厂和汽车配件门市部，但户口不与父母在一起，也跑到镇上为 70 多岁的父母申请贫困补助；另一个光棍老人，与侄子生活在一起，生活尽管不错，但他名下房子、财产什么都没有，得的贫困分数最低，也就是最穷的人，但他的实际生活水平比村里很多人要好很多。在贫困户的识别中，镇上扶贫干部认为，农民的财产其实是一个很模糊的概念，生活的贫困与否与住房、家中的陈设没有必然的联系。有些家里住着很破的房子却有超出贫困标准的存款，这往往是政府无从知晓的，比如已经脱贫的曾令谋，虽盖起了大房子，却欠着几十万元的巨额债务。诸如此类的情况还有很多。

参与调研的中国社会科学院沈进建研究员认为，贵溪村虽地处深山，相对贫困，却是一个青山绿水的绿色生态之地，既望得见山，也看得见水，还可以寄托乡愁。山清水秀，茂林修竹，有地可耕，有菜可种，是真正的美丽乡村。在贵溪，不少贫困户都是刚刚建起的大房子，良上镇在易地扶贫搬迁安置征求农户的意愿时强调，如果不愿搬迁也可以不搬，充分尊重贫困户的意见，但现实问题是，要求搬迁的贫困户和非贫困户数量远远超过了上级下达的任务数。

仅仅给予贫困人口更多的资金救济，可能不足以解决问题。如果扶贫政策充斥着立竿见影的泡沫，有时候，我们也需要反思给予贫困人群的扶持方式是否恰如其分。在贵溪村，调研组发现，村民家的外墙上都贴有一张"三穗县规范操办酒席承诺书"，下面是户主的签名。承诺不为他人办理违规酒席提供任何形式的支持和帮助，不参加他人违规举办的酒席等内容。据了解，在当地，即使是贫困户也往往会拿出年收入的 1/5 去凑份子，或花很多钱甚至举债操办婚丧嫁娶的酒席，却绝不会花费几百元钱去做一次健康体检。很多疾病之所以在贵溪很普遍，多半缘于村民不健康的生活方式、极度缺乏的卫生知识和沿袭多年的不好的生活习惯。扶贫更需扶智，改变贫困人群的不良生活习惯有时很难，但它比单一的金钱资助更有意义，因为健康的生活方式会大大减少贫困户医疗费的支出，减少因病致贫、返贫的发生率。扶贫文化的构建因此显得更加重要。

对于一个深居大山，交通相对不便，依靠自给自足的近乎原始农耕生活维持的贫困村庄，在过去的数百年抑或几十年，很多时候是不能自足的年景，饥饿半饥饿是常有的事。如今我们设定到 2020 年或更短的时间内消除贫困，只需依靠政府数以亿计的财政转移支付，这确实在短时间内就能让贫困人口脱离当下设定的贫困标准。但脱贫之后，这些与贫困生活贴得如此之近的人们是否还会再次陷入贫困？或许表面上看起来他们脱贫了，但是并不具备多少远离贫困的造血长效机制，也许他们的生活依然还会为贫困所困扰。

在贵溪，绝对贫困正在逐渐消除，但相对贫困还会较长时间地存在着。这大概会与我们制定的贫困标准有着这样那样的关系。

附录三　贵溪　守望怎样的乡愁

——少数民族文化的记忆、留存、传承与适度保护

"故乡的山，故乡的水，故乡有我童年的梦幻。"这是一首歌词中对故乡的描述。早上六点，当贵溪村从薄雾的晨曦中苏醒过来的时候，在家的村民们又开始了一天的忙碌。"勤劳的人们不贪睡，早起的鸟儿有虫吃"，这是流传在贵溪当地的一句民谣。养牛、养猪的人家要早早割草喂牲口，烧火做饭需要木柴，几乎家家户户都要到山上砍柴。贵溪林木资源丰富，家家都有林地，砍柴的同时也顺便整理一下树木。冬天村民更是要备下足够的木柴，烤火取暖，烧水做饭。还有稻田里的农活，农户们也要时时打理。忙碌到上午九、十点钟，然后回家吃早饭。这已成为在家的贵溪村民沿袭多年的习惯了。

近二十几年中，随着村中外出务工人员的增多，家中、田里的活计大多由留守妇女和老人承担了。外面的世界无论多么精彩，贵溪村里的生活节奏还是日出而作、日落而息，一日两餐。传统的村落、传统的生产耕作方式、传统的农耕文化潜沉下来的多年未曾改变的生活方式倒是完整地保留了古朴的民风，凝结了更多的历史记忆，特别是当看到古旧的中山装、解放球鞋还在村民身上穿戴时，更让人感到仿佛回到了 20 世纪 70 年代的中国农村，大有一种"衣冠简朴古风存"的时光遗韵。"望得见山，看得

见水，记得住乡愁"，贵溪，正是可以寄托乡愁的地方。

2016 年 1 月 20 日，习近平总书记在云南大理市湾桥镇古生村调研时，面对溪水环绕、绿树成荫、具有浓郁民族气息的古村落曾强调，新农村建设一定要走符合农村实际的路子，遵循乡村自身发展规律，充分体现农村特点，注意乡土味道，保留乡村风貌，留得住青山绿水，记得住乡愁。

乡愁到底是一种怎样的离愁别绪，又是一种怎样的故乡情怀？乡愁是什么？就是你离开了却会时常想念的地方。习近平总书记用朴素而又通俗的语言对乡愁进行了精准的描述。在贵溪村，伴随着脱贫攻坚和小城镇建设步伐加快，不少村民纷纷从生活了多年的寨子里搬出，建起了砖混楼房，居住条件改善了，具有浓浓苗寨风情的村居却呈日渐式微之势，在岁月的积淀中与故乡构筑起的那份乡愁也在发生着悄然的变化。承载着昔日故乡那特有的具象的景物，正在城镇化进程的大潮中变得日渐程式化、模式化，一个村庄数百年沿袭相承的民风民俗在现代农村发展的过程中被有意无意地弱化、忽略了。虽然世居深山，人们却很容易融入城市化的洪流之中，特别是年轻人，他们正在和父辈、祖辈的生活渐渐疏离。如果是离开了家乡在城市里长期打工，他们很快会成为城市生活的一部分，尽管他们身上还或多或少地留着乡村生活的烙印。贵溪村党支部书记邰诗伦说，那些长年在南方打工的村民，虽然也在村里盖起了楼房，但一年中只有春节时回家一趟，有的村民春节时在县里订好宾馆，除夕回来祭祖之后就回县城住了，家乡太穷，大山里的生活太过单调，对见识过外面世界精彩的人们失去了吸引力。其实像贵溪村的这种现象在良上镇、在三穗县都不同程度地存在着。贫困乡村流失的不仅仅是青壮年劳动力，还有一种对故乡悠悠的情怀，也许，随着年龄的增长和"美丽乡村"建设的不断推进，那些离开家乡外出谋生的人们终究还会回来。

守望乡愁，说到底，就是对故乡的缱绻，无论身在何处，都有一种故乡的情怀萦绕心间。乡愁是一种精神层面的情感，抑或是记忆中一种家乡的味道，抑或是脑海中家乡的一道景观，扎根于每个人心灵情感深处，因循于心，挥之不去。家园的一草一木、一砖一瓦，都会勾起人们的万般情丝，让远离家乡的游子魂牵梦绕。这是过去人们对乡愁的描述，今天，在信息交流、交通通信如此便捷的时代，人们对乡愁的渴望或追寻，也许已经潜移默化地具有了更多时代的内涵。

守望乡愁，又不仅仅是一种情感，它是一种需要物化和文化承载的情感。如果从贵溪村的角度来看，这种载体可以是具有苗寨民族风情的错落民居、石板铺成的布满青苔的街巷、绕村流淌的清澈溪流、遍布刺杉和竹树的山林，也可以是沿袭了多年的民风民俗、流传于村民之间声声相传的山歌和寄托着美好生活愿望的苗族节庆。正是这一切文化和物质的遗存，承载起世代生长于斯的乡民们对故乡的记忆，依托这些具有原生态风格的载体，乡愁方显得愈发迷人并散发出浓浓的文化味道。

如今，"四在农家、美丽乡村"工程正在贵州省全面展开，贵州省要建成一个不含水分、惠及所有贫困群众的全面小康社会，重点在农村，要围绕"富在农家增收入，学在农家长智慧，乐在农家爽精神，美在农家展新貌"，把农民求富、求学、求乐、求美的愿望变成现实。村民们的住房条件、基础设施日渐完善，交通服务也更加个性便捷。但是也应该看到，在乡村不断城镇化的进程中，不少的村庄，绿色的原野正在逐渐消失，古朴的民居正被钢筋水泥的楼房所取代，乡村民居日趋同质化，渐次成为小城镇建设的微缩版，带有传统风情的乡村元素正在逐渐消逝，富有地域文化特征和民族特色的建筑正越来越少。因此，在美丽乡村建设和小城镇建设过程中更要注重乡土特色和农村特点，把宜居、生态和地域文化特色考虑进去，构建以"乡愁"为魂的美丽乡村。

对于像贵溪这样的少数民族传统村落，世代聚居于大山之中，长期以来与外部世界的隔绝与封闭，倒是相对完整地保留下更多本民族的农耕文化习俗和传承，这些凝结着历史记忆的存在，是一个民族生生不息的文明象征，因此在旧村居改造、新农村建设及小城镇发展的过程中，应着重对那些具有独特民族文化内涵和历史价值的传承和遗存做刻意的保留，它们不仅是中华多民族文化传统重要的组成部分，也是这个历经劫难的民族沿袭至今的历史物化的见证。在贵溪大榜坡自然寨，那些新旧相间的高低错落的木制房屋，那些见证着岁月痕迹的枯藤古树，还有那些在房前屋后埋葬着逝者的坟茔，都构成这个古老山寨悠悠的历史遗韵。也许，当贵溪的村民们能够怀着一种欣赏的眼光去感受自己的故乡之美时，当古朴自然的村庄带给他们一种内心的幸福时，脱贫就不仅是物质生活的脱贫，也会是精神和心灵上的脱贫了。

不少专家认为，美丽乡村建设要以"乡愁"为魂，做好村庄规划布局，在规划布局中尽可能完整地体现原有村庄的民族特色和地域风貌，以方便村民生产、生活作为基本遵循，坚持适度超前、突出特色、保持原味、体现绿色生态的原则，使美丽乡村既有民族文化内涵又富有现代设计理念，既和谐宜居，又节能环保，特别是像贵溪村这样的少数民族村寨，不能让根植于乡村文化背景下的浓浓乡愁无处安放。

习近平总书记 2015 年 6 月 18 日在遵义考察时说："我在遵义看到的黔北民居，小青瓦、坡屋顶、转角楼、三合院、雕花窗、白粉墙、穿斗枋，七大元素合为一体，看着就有美的享受。这些民族文化特色，一定要保护好。"2016 年在云南洱海考察时再次谈到"农村传统庭院比西式洋房好"，这样的话语表达了习近平总书记对传统农村那种纯朴、恬静、悠然、温馨的氛围的眷恋与向往。在调研即将结束时，习近平总书记曾说："看到你们的生活，我颇为羡慕，舍不得离开。"他叮嘱大家："云南有很好的生态环境，一定要珍惜，不能在我们手里受到破坏"，"不要破坏生态环境，一定要让洱海的水清澈起来"。这样的话语道出了习近平总书记内心深处对农村保持传统文化风貌和建设美丽乡村的诸多期许，这样的期许对良上镇的少数民族村庄同样具有深刻的借鉴意义。要在村庄实施精准扶贫、精准脱贫的同时，保持村庄发展的可持续性，在适度合理开发的同时注重对历史遗存的保护和民族文化的弘扬，在全面建成小康之后，依然保持可持续发展的生机和活力。

习近平总书记所说的"乡愁"，不仅仅是出于对农村生活的喜爱，更包含着对乡村传统文化氛围式微的惋惜，更是为本该保存的物质和非物质文化遗产的逐渐消失而备感焦虑。随着经济社会的发展和小城镇化进程的加快，传统的文化遗存越来越少，现代社会急匆匆的步伐正在与过去那个农耕社会的节奏割裂开来，昔日的农家小院也渐渐被千篇一律的砖混结构的楼房所取代，乡野风光、田园牧歌，这些农村特有的美丽风景已渐渐离我们远去。我们不禁要问，现代社会的发展和城镇化是否一定要以淘汰从历史空间中留存下来的文化遗迹、世代沿袭的传统习俗为代价？面对着正在一点一点消失的前人遗迹，我们有必要保持一份理性的警醒：并非过去所有留存下的东西都需要保留，同样，也并非所有父辈们留下的东西都应该被抛弃。后之视今，亦犹今之视昔。那些忠实记录着农耕社会中人们生活的许多珍贵细节，不仅寄托着人们自然流露的朴素情感，还涵容着时光隧道里的悠远回声，似乎只有在像贵溪这样古风尚存的传统村落里，借助世代相承的老物件，才有机会让人们透过自己的瞳孔回味曾经真实存在的历史过往，而那逝去的一切，终于不再只是"一扇空廓的历史门廊"。很多东西正如同美酒，越醇越香。那些美丽的过往也将随着时间的流逝而越发弥足珍贵。

附录四 乡村集市走笔

2017 年 4 月 22 日，农历三月二十六，正值良上镇五天一次的乡村集市。良上镇政府所在地上寨村的格局比其他村庄的规模大了些，在镇中心的街市上，分布着规模不大的十几家附近村庄里不曾有的商店门头和几家敞开式的购物小超市，村民们平日所需的柴米油盐、锅碗瓢盆、化肥、农机等生活、生产用品都可以在镇上买得到。镇政府所在地往往是一个乡镇小城镇建设的标杆，也是镇域经济、商品交易是否发达的最直接的显现。尽管附近的村民平时也可以到镇上购买自己的生活所需，但五天一集的旧制依然延续了下来，这天，各种商贩和农户会汇集到镇政府的中心街市上完成各种各样的交易及出售自家手工和地里的产出。

一 三五元的小生意

良上镇集市的规模不大，也没有商品的分区。可能是因为青壮年大多外出打工的原因，主要是一些老人和妇女在就地摆摊售卖自家的一些产出。集市上除了两家猪肉摊、两家水果摊、一家零售蔬菜的摊点之外，再也找不到比这规模更大的摊位。也许是当地人不太吃葱、蒜的缘故，调研组寻遍整个集市也没有找到一家卖大葱和大蒜的摊位，最后在市场的角落里发现一位穿着民族服装的老太太在卖两小把像韭菜一般粗细的小葱，一问，两把葱总共卖两元钱。其余卖油菜和小白菜的几家卖主售卖的数量也很有限，应该是自家菜田里的产出，除自给自足之外，把多余的一点菜拿到集市上换取一点零钱补贴家用。从三穗县城到镇上听到一些干部说的当地一大特产——三穗鸭，同时也是政府在精准扶贫中鼓励贫困群众大力养殖的品种，在集市上没有发现，倒是有几户在卖自产的鸭蛋，三五个鸭蛋一个摊位，十几个鸭蛋一个摊位，想从一个摊位上买到五斤鸭蛋几乎是不可能的，因为一家凑不齐这么大的数量。由此可以想象，在良上镇附近的村庄里，并不存在三穗鸭的规模化养殖，一家几只或十几只的鸭子养殖，根本不足以给贫困户带来脱贫的可能。集市上没有蔬菜、水果类的批发，消费的总量也制约了供给侧的产出，水果、蔬菜类这种居家消费最多的品类即使在乡镇上也没有多少消费的需求和能力。村民整体消费水准的偏低正说明了当地市场和经济发展水平的滞后。

二 古老而传统的行当

集市上除了卖自家产出的摊贩之外，还有几项传统的手艺：剃头挑子、占卜卦摊、卖耗子药和针灸。

剃头挑子的一边是一个烧着蜂窝煤的直筒火炉，另一边是一个刮脸、洗头用的搪瓷脸盆，正是"剃头挑子一头热"在生活中的出处。尽管镇上有一家理发店，一般百姓在意的还是集市上剃头挑子的便宜。据了解，在理发店里，理一次发最便宜的要五元钱，摊子上只需要三元钱，理发师傅说，一个集市上，他可以理五六个头，加上刮脸的，加收两元。即使三五元的收费，老乡们也大多是在村里找个人理一理，不会到集市上或理发店里来。镇上的干部也不会到这里来，讲究的人会到三穗县城里去理。

不大的乡村集市上仅卦摊就有三个，既不是抽帖、看手相，更不是奇门、周易之类，苗族的土法占卜和当地百姓的信仰抑或是迷信有关，摊主全是女性，问卦的也是女性，大概是生活中有什么不解和困惑，到集市上找个占卜的说道说道，占卜的道具是一个烧满纸灰的破盆，纸灰里放着几个煮熟剥了壳的鸡蛋，还有点燃的几只香和几个烧煳的土豆，占卜的妇女念念有词，说的应该是当地的土话。当地年龄大些的农村妇女大多没有文化，不少还是文盲，靠占卜问卦问个吉凶想来也不奇怪。

卖耗子药的和卖狗皮膏药的属于一个行当，全凭一张嘴来吃喝，耗子药旁是数十根晒干的耗子尾巴，以此显示耗子药的药效。有趣的是，耗子药摊前还挂着一只制成标本的竹鼠，这种被当地政府鼓励养殖的经济价值较高的动物，能长到2~4公斤，肉味鲜美，市场价格高，也被卖耗子药的拿来充数。

良上镇的乡村集市，显现的不是当地经济社会的物阜民丰，而是传统农耕社会延续的一个缩影。这种市场的形式只是为那些自产自销的农户提供了小小的交易平台，卖的物品有限，买的人也不太多，看得出，有些从镇上超市里购买商品的居民对集市已没有多少兴趣和购买欲，因为它所提供的生活所需实在有限。市场的繁荣源自购销两旺和一定规模的产业化产出，在良上镇，特色种植和养殖远没有达到规模化、产业化的程度，因而也就不会形成某一类商品的集散，既不会辐射周边，也没有规模效益。产业化的种植、养殖应在当地政府的着力引导下，依托政府专项扶贫资金，整合技术、人才、市场等各方面因素助力发展，让当地更多的贫困农户和闲散劳动力参与进来，引导更多的群众脱贫致富。

附录五　扶贫干部眼中的精准扶贫

良上镇，作为国家级二级贫困乡镇，黔东南苗族侗族自治州确定的州级极贫乡镇，贫困面积大，贫困程度深，贫困发生率高。要保证在规定时间内如期脱贫，面临着脱贫时间紧、任务重、实际困难多等一系列的难题。为保证脱贫攻坚目标的如期完成，县、镇两级党委、政府选派多名扶贫干部到村入户，构建起脱贫帮扶多层级网络，通过对建档立卡贫困户一次次的走访、登门交谈，掌握贫困户的致贫原因、家庭收入状况、家庭成员构成、土地产出、居住现状等真实资料数据，针对不同的贫困户家庭情况梳理制定出有针对性的帮困脱贫措施。在良上镇贵溪村，由省、县、镇派到村里的包村干部就有四人。

有省卫计委派到村里的第一书记卫小平、三穗县供销社派来的驻村干部龙宪国，还有镇上派到村里的扶贫干部张海和姜大奎。

在第一书记卫小平看来，第一书记的作用除了深入村庄、了解村庄的贫困实际之外，帮困脱贫的关键还要看第一书记手中的资源和人脉。如果第一书记手里的资源少得可怜，对贫困户的帮扶作用和力度自然就小。自派驻贵溪村任职第一书记以来，卫小平积极发挥自身在卫生系统工作的优势，为良上镇的医疗资源布局、卫生院建设和全镇老年人健康查体穿针引线，为改善乡镇医疗条件、提升医疗诊疗水平做出了自己的努力。因同时还兼任三穗县脱贫攻坚领导小组的副组长，他的工作基本上是省里、县里、镇上、村上来回跑，为资金项目的落实整天处于奔波之中。

在卫小平看来，驻村扶贫并不需要整天耗在村里，村民田地里的劳作有较强的季节性，因人多地少，村里的青壮年大多南下打工去了，有限土地上的农活不多，产业化的种养殖在贵溪村尚未形成规模，放牛放羊在当地大多采取山上散养的方式，牛羊都会自己回家。第一书记所要做的就是为村庄的产业经济发展引进适合当地的项目、资金、技术，在更大范围内引导农民脱贫致富。他认为，着力改变当地贫困户和其他村民的生活习惯和卫生习惯，定期地为农民特别是老年人进行健康查体，传授给他们疾病预防的知识对提升他们的生活质量至关重要，村民的很多慢性病的生成源自他们不健康的生活方式，但村民们并不以为然，而事实上他们生活贫困的原因很多正是由于疾病的拖累，常年吃药，有限的收入和低保补贴被疾病消耗了大部分。他觉得，村里百姓贫困的原因又是多方面的，受教育水平的低下，对生活常识认知的缺乏，多年来对不良生活习惯的固守以及在慢节奏的乡村里养成的慵懒，这一切所导致的贫困并非仅仅给予他们几千元或几万元钱就能解决，需要着力引导具有劳动能力的贫困者融入社会商品的生产创造中，而并不仅仅是为填饱肚子的自给自足。对因学、因病致贫的农户在精准识别之后重点是把上级拨付的扶贫资金落实到位。自身无力脱贫的老弱病残者由政策兜底保障其衣、食、住、看病无忧。在第一书记的任上，卫小平觉得为贵溪村搭建起一个产业经济发展的框架来，逐渐引导农民养成健康向上的生活习惯正是他的职责所在。

32 岁的龙宪国被三穗县派到良上镇贵溪驻村已有一年半的时间，主要负责村里的党建，通过抓党建带动扶贫工作。贵溪村有 33 名党员，良上镇的规划是通过发挥党建的引领作用，以党社联建、"党支部＋合作社＋贫困户"的发展模式，动员更多党员和乡村能人参与脱贫攻坚，带动贫困户抱团发展。但在现实操作中，贫困户的力量过于弱小，借发展产业致富的党员也不多，以党建促脱贫的效果并不明显。

贵溪村是一个相对局限封闭的世界。集体经济的缺乏，使村党支部和自身发展能力有限的党员对农户的带动作用几乎可以忽略不计。如果不是镇上为村干部每月发放

1000 多元的工资，愿意主动担当此任的人恐怕也不多。贵溪村仅有的几万元资金现已投放到两个合作社中，一部分投放到养牛合作社，另一部分投放给了米酒合作社。上级要求的脱贫攻坚任务时间紧，作为驻村干部，每天思考的事情就是尽可能为村里的贫困户做一些实实在在的工作，改变村庄贫穷落后的面貌。为了联系贫困户，掌握第一手的资料，也为了完成上级要求的各种各样的繁多的表格填写，驻村干部每个月常常需要去贫困户家中三四次，去的次数多了，有的贫困户也烦，今天领导去，明天驻村干部去，后天帮扶人员去，赶上农忙季节，贫困户都不想理人了。有的贫困户会说，今天没空，有空的时候再来吧。农户很难找，这常常是驻村干部面临的实际问题，贵溪村的几个自然寨分布在大山之中，相对偏远，有时完成一项具体的工作，上级要求一周内完成，但一天之内也就能跑完四五户，农户家几乎都是山路，而且很多村民不是乖乖地在家里等你，要么进山劳作去了，要么外出打零工去了，你想吧，谁那么有闲心在家等你呢，有很多人在外面打工，得打电话让他回来拍照、填表。过一阵子第二次核实情况的时候你还得把他叫回来一次。然后上面再下文件要求填这填那又要核实，你还得去一趟，他还是得回来。若是近一点的还好，要是在广东、福建打工的人就不胜其烦了。即使他没有去外地打工，也有一些农活要干，所以平日里，贫困户的家中也大多是"铁将军把门"。

龙宪国认为，在贫困的精准识别中，有些贫困户不是因病、因残致贫，而是因懒致贫，这些贫困户提出补助申请，达不到要求的，还有打电话威胁包村干部的事。包村干部为了引导贫困户改善生活环境，常常带头为贫困户打扫卫生，反而被贫困户认为是理所当然的事，在他看来，一些贫困户的不良生活习惯积习难返，一时间几乎无法改变。龙宪国就遇到过这样一个例子，贵溪村有户老村干，丧偶。有两个儿子，一个女儿，对自己不尽赡养义务，户口也不与自己在一起，无人照管，本来家庭条件在当地算不得贫穷，但他也来申请低保，按照低保的条件，显然不符合要求。后来对村中贫困户的识别中加了一条：对于有子女而把父母户口分出来的家庭，子女经济条件不错的，不能把保障的义务推给社会，这类家庭不纳入建档立卡的贫困户。还有一户家庭，农户家中经济状况较好，其实完全不在贫困户之列，但是他的孩子有遗传病，为了给孩子治病，花去了不少钱，欠下了不少债务，对于这种情况，驻村干部了解到这户家庭的实际困难，有心要给他一个贫困户指标，但按照贫困户明确的标准分值计算下来，他的分数超标了，最后也没有办法。

在良上镇，另一位驻村扶贫干部也谈到，在贫困户识别中就曾遇到过这样一个例子：村中有一位独身多年的老人，生活在他的子侄家里，生活水平还是不错的，但他既没有房子，也无任何可以看到的财产，就他的条件在做贫困户得分统计时，按一条条的标准算下来，发现他是全村分数最低的人，也就是说他是最穷的人，但在村民的眼中，他的实际生活水平要比村里很多贫困户好多了。在对贫困户精准识别中遇到的这些和具体识别标准不一致的情况，在现实操作中，也无法一一反映到上级那里去，因为涉及"六个精准"的各种各样的表格都是上级设计制定的，尽管涉及几百项内容的表格很难填，却是必须严格完成的规定动作，即使反映上去，上面也很难一一接受这些特殊情况的反馈。因为一整套的表格，设计下来就需要调查这么多情况，而现实中的个例却各不相同，一刀切的操作方法不可避免地造成了实际识别工作中的疏漏。因为精准识别表格设计时为避免腐败现象的出现，不允许有任何的灵活松动，必须机械地走流程。这也是在精准扶贫脱贫中令驻村干部颇觉困惑的事情。

还有些困惑来自对扶贫干部的追责机制。为如期完成脱贫攻坚任务，上级制定了严格的问责机制，对扶贫干部的考核、评价、问责有一套完整的条条框框，某一项任务目标完成得如何，工作绩效如何，都有上级专门的部门进行考核。在帮困脱贫的实践操作中，上级的政策定得事无巨细，也会让基层扶贫干部难以适从。比如当下的农村低保、五保政策要求都有专门的部门负责办理，县民政部门负责农村低保户、五保户的管理，农村危房改造由住建部门管理，针对贫困家庭学生的"雨露计划"由教育部门管理，医疗救助、保险由卫生部门管理，扶贫部门实施的到户增收或产业发展还得经由贫困户本人同意，具体到派驻村里的第一书记、包村干部，对此没有实际权限，但是上级政府所有追责都面向镇、村两级。也有一些领导把追责的力度当作重视扶贫的力度，这在理论上是没有错的，对一批批的驻村扶贫干部来说，内心即使觉得委屈，却无法言说。一波一波的检查，对镇、村两级干部来说，似乎已经习惯了，经常性加班停休，也习惯了，但是追责问责的不断扩大，在某种程度上也影响了战斗在扶贫一线的包村干部的工作积极性。

在驻村扶贫干部的眼中，有些贫困家庭或人均年收入在贫困标准之上的家庭，同样面临因病、因学而使贫困加深或陷入贫困线之下的可能。政府主导下的脱贫攻坚和贫困者个体的脱贫乏力显现着并不完全匹配的落差。驻村干部的工作是每天走村串户，与村干部一道参与值班、开会、访贫问苦，扶贫首先要把上级扶贫的政策、精神全部宣讲到位，同时把党委、政府的惠民措施全部落实到符合贫困条件的建档立卡户家庭中，即使如此，仍然有贫困户因个人原因在全部落实到位之后仍脱不了贫，驻村干部却要因此面临脱贫攻坚不力的处分。以良上镇为例，到2017年8~9月，镇上新增因病、因学的贫困户400人，原本在第一批精准识别中不是贫困户的，这次进入了建档立卡的贫困户行列，这使良上镇到2017年10月底贫困户仍达到2348户9203人，在对贫困户的进一步识别调整中，查漏补缺又补进105户390人，同时有34户154人因不符合贫困标准从贫困户中清退出去。而对于2014~2016年退出贫困户行列的，在今后三年继续享受国家脱贫政策的补助。

三穗县推出的专门针对贫困户实施的金融"特惠贷"，这项由县财政贴息的惠农贷款，期限三年，三年后由贷款户偿还银行本金。在良上镇，已累计发放 3305 万元，其中有 180 户左右计 900 万元投到了三穗县的扶贫公司，每年享受不低于 6% 的分红，也有一部分贫困户将贷款用于盖房和日常消费，对于这项贷款，农村合作社也有自己的担心，到 2017 年下半年已经控制放贷规模，对贷款户进行严格审核，把控可能出现的偿贷风险。良上镇扶贫工作站的负责人张谦认为，到期可能会有 50% 的贫困农户无法偿还本金，三年政府贴息之后，到期如还不上本金，将产生 8% 的年息，除非贴息的政策继续延续，否则贫困户会面临违约的风险。

由良上镇派往贵溪村的张海，驻村一年多谈起自己的感受，他认为目前贫困百姓面临的最大问题是自身发展动力不足。多年来这些家庭在党委、政府实施精准脱贫的感召下，既希望脱离贫困，又觉得自己的脱贫能力不足，即使由政府为他们提供贴息的"特惠贷"，也担心借了钱将来还不上，不敢贷、不愿贷，在贫困面前变得无所适从，加之劳动技能的缺失、较低的文化程度，这在很大程度上消解了贫困户脱贫奔小康的积极性，而且这部分群众老的老、弱的弱，只有坐等政府的救济，正是扶贫干部眼中属于"等、靠、要"的那部分群体。张海觉得，现在的扶贫政策和措施应该是到位的，贵溪村最大的产业扶贫项目贵尧养牛合作社，县里把划拨到镇上的财政扶持资金分到了每一户贫困户头上，全部作为入股资金投到了养牛合作社，第一年每户可保底分到 900 元。对实施了各种帮扶措施还不能脱贫的，实行应保尽保，纳入社会兜底的五保、低保序列中。2017年，贵溪村有一户脱贫户因丈夫去世，孩子尚小，自己丧失了劳动能力又重新返贫，被纳入低保序列中。在贵溪村，从脱贫户到重新返贫或者在密集的帮扶措施下使一户贫困户暂时脱离现行标准下的贫困常常只有一步之遥。构建帮困脱贫的长效机制，激发贫困者的内生动力，通过壮大集体经济反哺村中那些无力脱贫的农户，是驻村干部们最普遍的共识，也是每日萦绕在他们脑际的问题。

精准扶贫政策层面的顶层设计和高大理想与每日沉在贫困村庄里与贫困户零距离接触的驻村干部之间所存在的落差似乎是可以理解的。中央政策的愿景就是在农村群众中准确地识别出那些最贫困最需要帮助的人们，再通过制定实际可行的帮扶措施在规定时间内使这部分人脱离贫困。精准扶贫首在精准识别，如何定义"贫穷"的含义？在当下中国，55%的贫困人口分布在非贫困县之中，当然，在西部地区，特别是在国家级贫困县里，贫困发生率呈现的比例自然会更高。一个基本的事实是，国家通过30年的贫困治理使数以亿计的贫困人口脱贫，为世界范围内的贫困治理提供了中国智慧和中国方案，同时贫穷的内涵在今天也发生了很大变化。在人均GDP达到8300美元时，贫困还在全国范围内较普遍地存在着，这一方面取决于社会中的个体差异，另一方面也取决于贫困人口所处的地区自然、经济、生存条件的极不平衡，经济发达地区的贫困人口和经济欠发达地区的贫困人口可能呈现着不同的生活状态，还有一点就是贫困者自身对贫困的认知差异。在像贵溪这样一个典型的少数民族村寨里，驻村干部们发现这样一个有趣的现象：在政策的帮扶下脱离了现行贫困标准的人和收入在贫困线以上的非贫困人口，他们都认为自己还很贫困，这其中包括那些在家中盖起了几百平方米楼房的村民们，他们心目中穷富的界限在哪里？或者那些已被纳入低保、每月享受国家补贴的家庭，在他们看来，仅仅是维持了最低的生活保障，离脱贫还有很远的距离呢。比如在贵溪贵九年自然寨有一户李姓贫困户，是失独家庭。作为军属，男主人的退伍补贴已由过去的350元／月提高到现在的500元／月，爱人享受低保，每月有350元补贴，除此再无其他收入，这些钱维持着他们温饱的生活。他说，他最怕的是生病，更担心夫妻二人都生病，儿子去世后，他们很少下山，随着年龄的增长，他们慢慢会成为"空巢"五保老人。像这样的家庭，贫困状态在贵溪的贫困户中有一定的代表性，他们寄希望于国家低保政策补贴标准的逐年提高。另一些贫困者，他们具备一定的劳动能力，只要想挣钱，就可以外出打工，日子还可以过得下去，但这部分人就是不愿去工作，因为懒惰，宁可待在家中吃低保。正如当地一位扶贫干部所形容的"要懒懒到底，政府来兜底"，乡村里的懒人也占有一定的比例，还有个别贫困家庭，家中本来就不富裕，还每日抽烟喝酒，有一点闲钱还经常去赌一把，好吃懒做的不良习惯无疑会使他们的生活雪上加霜。

数十年来，国家扶贫政策延续到今天，可谓到了政策红利最集中的释放期，各级党委、政府为贫困者制定的脱贫攻坚的种种优惠措施实现了脱贫帮困的层层覆盖，从资金、产业扶持到医疗、教育救助，从危房改造到异地搬迁安置，从生产到生活的各项基础设施建设的完善提升，党委、政府该想到的都想到了，该做的正全力以赴地去做。从贫困者自身讲，如果能激发起脱贫致富的内生动力，积极融入帮困脱贫的实践中，以辛勤的劳动付出创造社会所需的价值，早日脱离现行标准下的贫困一定可期、可待。其实，这也正是贵溪村驻村扶贫干部对于贫困户共同的心声。

附录六　观音阁村：一个黔北汉族村庄的脱贫实践

在贵州省为打赢脱贫攻坚战、全面决胜建成小康社会的实践中，在共同政策、目标制导下每个村庄实施的扶贫脱贫路径仍呈现很大的不同。不同村庄的自然条件和禀赋、村庄产业经济发展的基础、基层党组织建设对本村百姓的着力引领等差异都会在脱贫致富的进程中呈现不同的面目和效果。即使在已经完成乡村城镇化、走过乡村工业化、村民实现较高收入且已实现小康的村庄里也会面临新一轮乡村治理的矛盾和问题。但一个村庄的治理模式和经验或可为另一个村庄的脱贫攻坚实践提供有益的借鉴和参照。

位于云贵高原东部、贵州省北部的遵义市湄潭县复兴镇的观音阁村是一个有着 6013 口人的纯汉族村庄，地域面积为 18.6 平方公里，地处湄潭县与凤冈县交界处、永兴万亩茶海景区与凤冈茶海之心风景区之间。村庄分布于两个大山脉之间，地处起伏较为平缓的小丘陵地带，从村头到村尾主干公路有 13 公里长，整个村庄呈狭长状分布于蜿蜒环绕的主干道两侧，村庄距离县城 40 公里。作为省级三级贫困村，它比良上镇贵溪村的贫困程度低了一个等级，全村有党员 61 人，建档立卡的贫困户有 214 户，贫困人口 749 人，在村庄实施的脱贫攻坚中，易地扶贫搬迁 18 户 54 人；2014 年脱贫 46 户 159 人，2015 年脱贫 33 户 124 人，2016 年脱贫 75 户 285 人，2017 计划脱贫 55 户 149 人，2017 年实现全部剩余贫困人口的脱贫。

观音阁村的村庄经济发展和脱贫得益于 2006 年在政府引导下的茶叶种植，经过 11 年的探索发展，目前村庄

附图 6-1 观音阁村种植的茶园

茶叶种植面积达 13500 亩，村中有茶叶基地 15 个、茶叶加工厂 23 家，其中大叶茶品种 9000 亩、小叶茶品种 4500 亩。大叶茶品种为贵州省茶科所自行研发繁殖，命名为黔北 601，成林茶亩产独芽 280 公斤左右，小叶茶品种为湄潭苔茶，其余为福鼎大白茶，其中湄潭苔茶 1500 亩左右，亩产鲜叶 1200 公斤左右，福鼎大白茶 3000 亩，亩产独芽 50 公斤及鲜叶 1500 公斤左右。全村年产独芽约 2670 吨，年产鲜叶约 6300 吨，大叶茶品种可生产翠芽、黑茶、红茶，小叶茶品种可生产翠芽、毛峰、毛尖、绿宝石、高端红茶、黑茶等系列。村中另一个产业依托为烟草种植，现有烤烟基地 2 个，凭借茶叶和烟草种植加工，全村人均年收入达到 9600 元，1/3 的家庭拥有了家庭轿车。茶叶种植在给村民带来稳定收益的同时，并没有妨碍村民外出打工的步伐，观音阁村外出务工人员有 922 人，全村除了 60 岁以上老人 700 余人、留守儿童 50 人、各类残疾人 60 余人外，在村支部书记刘华强看来，观音阁村依然出现了空心化和萧条化的趋势。刘华强算了一笔账，一亩茶园可为村民带来 5000 元纯收入，人均 2 亩多地，一个家庭一年下来仅茶叶一项即可有几万元收入。而稳定的产业经济收入正是大部分贵溪贫困户所缺乏的。在良上镇贵溪村，目前虽已调整出 500 亩坡改梯土地，拟通过招商引资吸引茶叶种植户，但面临的困难是有了土地还没有吸引到项目，被茶叶种植所需的大量资金和种植技术所掣肘。由此可见，一个村庄真正意义上的脱贫必须依赖于产业经济的发展，一个没有产业或产业发展极其薄弱的村庄，除了依赖上级政府的帮扶，自身是不具备脱贫致富的凭借和依托的。村中的青壮年除了外出务工之外，似乎再也没有其他稳定的收入来源。

逐渐富裕起来的观音阁村民首先从改善住房开始，几年中自建的小康房有800多套，2017年新建93户，改造399户，村中已基本完成旧村改造、新建。分布于路旁山坡上村民新建的房屋白墙黛瓦，转角斗枋，拥簇于茂密的林木之间，一派黔北江南、美丽乡村的气象。

按照刘华强书记的介绍，尽管还有部分贫困户，观音阁村其实2016年已实现现行标准下的村庄整体脱贫。村庄目前正处于基础设施建设的改造提升阶段，为打造出一个真正意义上的黔北美丽乡村，2017年村庄在上级政府支持下启动十个项目的建设，开展村庄道路、厕所、生活垃圾、污水处理等设施的完善、美化、亮化工程。湄潭县派出15个人的工作组吃住在村上，帮助观音阁村的村庄建设规划和治理，督促并参与这一系列惠民项目的落实。由当地政府投入100万元、面积675平方米的村委会办公楼也正在建设施工中。

由省里派驻村里的第一书记是来自贵州理工大学的何祖星博士，何博士谙熟精准扶贫的政策、理论、措施，经常为村干部解读脱贫攻坚中各级各类文件及扶贫会议精神。他每天吃住在村里，与村干部和村民们一道工作、生活，每月驻村时间达到近30天。在他看来，即使村庄贫困发生率已降至2%以下，在现行标准下已经实现脱贫的观音阁村，仍然有部分群众生活在贫困之中，因此深入了解并精确掌握村情民情，特别是部分贫困户致贫的原因，结合村庄实际情况，合理制定年度帮扶计划，严格按照帮扶计划开展工作，让贫困户真切感受到帮扶带给他们的生活变化至关重要。同样是贫困群众，他们的贫困状况也各不相同，必须针对具体情况，精准施策。在驻村的一年多时间里，何祖星先后走访了2014年以来214家建档立卡贫困户，发放便民服务联系卡，方便贫困户反映各种情况，通过谈心，帮助农户核算好家庭收入支出，摸清各户的致贫原因，同时将党的各种扶贫政策利用召开群众大会之机和入户摸底调查之时讲清楚，让农户听懂弄明白，帮助他们厘清脱贫发展思路，特别是在产业和就业方面选好脱贫方法，他与驻村小分队和挂职帮扶干部一起逐户制定脱贫措施，确保惠民措施落实到每一户贫困家庭中。

与良上镇贵溪村情况相同的是，观音阁村的集体经济发展并不理想。群众通过茶叶种植逐渐富裕了，但民选出来的7名村两委成员的收入并没有获得提高，每日里繁杂的村庄事务，使他们几乎抽不出更多的时间发展产业经济，除了镇上每月拨付的2000元工资，并无其他的收入。农村干部收入太低，一天收入不足百元，尚不及采茶时节一位农村妇女一天的收入，长此以往，既不利于村庄基层组织建设，也会消解村干部的工作积极性。集体经济的缺失，会使村庄没有集体收入的支撑，既不能很好地反哺村民，也无法改善村干部自身的待遇，用观音阁村干部自己的话说，收入太低，从小处讲，自尊心受损；从大的方面讲，农村基层组织建设就无法得到巩固。即使这样，有些村民也不理解，村民对村干部村庄治理能力的期待和要求也在水涨船高。

在观音阁村当下人居环境整治工作中，建档立卡户、低保户128户，房屋整治花费219.515万元；一般户、非贫困户"十三五"期间存量农村危房共54户，改造花费92.25万元；非贫困户无房7户，为他们修建住房花费17.5万元；废旧危房拆除不新建116户，花费35万元。此外，公路建设批复的4个项目，花费109万元；村实施贫困农户发展生产小额"特惠贷"40余笔，约200万元。这些费用都是由上级政府拨付提供的，并由县、乡政府派往村里的15人的工作组负责监督，执行项目资金的落实。发展壮大集体经济，依然是村庄基层组织必须面对的重要课题，集体经济的缺失，使农村基层干部在群众中的号召力弱化，缺乏通过集体经济发展村庄公益事业的杠杆，也没有多少调配集体资源的手段，集体经济的羸弱常常成为很多村庄基层组织软弱、涣散，领导力、执行力不强的代名词。新一轮的新农村建设在群众住房、村庄基础设施建设、贫困户脱贫等硬性指标完成之后，村庄集体经济的发展、村庄公益事业的完善、乡村治理能力的提升和乡村的文化建设随之将成为村庄建设的重要内容。

精准扶贫，重在精准，同时也难在精准。当前精准扶贫中所采用的动态化的各类台账数据管理，要求第一线的驻村帮扶干部、第一书记每天投入大量的人力、物力、财力进行扶贫数据采集汇总、制表等事无巨细的材料上报工作，精准扶贫工作中所需要填报的各级各类数据、表格、文字及图片材料浩如烟海，且要求扶贫干部参加各种各样与扶贫有关的会议，这些都大大占据了扶贫干部具体帮扶贫困户落实措施的时间、精力，在观音阁村15名驻村帮扶干部的住处，需要报送各种材料、表格的打印纸堆积得层层叠叠，像一家文印室，他们无奈地摇摇头说，上级每天要求必须报送的数据、文字材料太多了，建议精准扶贫在顶层设计上，尽可能减少不必要的材料报送和会议召开，把更多的时间和精力留在实际脱贫攻坚工作中。

附录七　精准扶贫精准脱贫百村调研问卷

中国社会科学院"精准扶贫精准脱贫百村调研"
行政村调查问卷

（2017年）

调查说明

按照中国社会科学院"精准扶贫精准脱贫百村调研"特大国情调研项目总课题组要求，贫困村的调研需至少

完成对 30 户贫困户和 30 户非贫困户的问卷填写，同时
完成对贫困村村庄整体情况的调研表填写，这是对贫困
村调研的规定动作。行政村调研表的内容包括：贫困村
基本情况及其近年变化；村庄贫困程度及其近年变化；
贫困村村庄治理情况，制度政策实施、村庄治理及村庄
与农户发展之间的联系。贵溪村村庄调研表的填写是通
过乡镇保留的村庄档案查询，与村干部的座谈确认，与
县乡干部访谈及和村民代表访谈的形式完成的。调研表
中设置的项目本着应填尽填的原则，除对个别与调研村
庄情况并不符合的内容没有填写外，都尽可能做了填
写，在实际调研中，接受访谈者对村庄的某些具体内容
也是模糊的，这种情况调研组尽可能做多方面对证，使
填写的内容尽可能接近真实，对有些实在不能填写的栏
目，只好空着。村庄数字常常是一个动态变化的概念，
这个月和上个月、上半年和下半年常常会出现数字的不
一致，比如，调研组第一次赴贵溪村调研时，一个寨子
中的贫困户是 11 户，第二次调研时，这个寨子中的贫困
户成了 12 户，原因是一户非贫困户又因病致贫了；另
外，村庄产业经济发展使养牛的户数和存栏的头数在上
半年和下半年也会发生很大的变化。村庄调研表的数据
是调研组于 2017 年 4 月第二次赴贵溪调研时集中完成
的，调研表中行政村的数据反映的是村庄当时的情况。
按照要求，调研表应能真实反映贵溪村当时的基本情况
及五年来的发展变化，村庄集体经济的发展情况，村庄
治理的基本情况，包括村两委组成、年龄、受教育状

况、任职年限、人员变动、村民直选和投票情况，此外还包括村庄集体项目发展和扶贫项目的争取和落实情况及效果，村庄教育发展、有无村办学校，村民劳动技能培训开展、村庄劳动力外出务工就业情况，以及村庄贫困户精准识别和调整的情况等。调研表中所填写的项目既是对文字部分描述不足的补充，也是对村庄方方面面特别是扶贫脱贫情况展开分析，并提出有针对性的扶贫建议和对策。

行政村调查问卷及数据（贵溪村）

（调查年度：2017 年）

省（区、市）	贵州省黔东南苗族侗族自治州			
县（市、区）	三穗县			
乡（镇）	良上镇			
行政村	贵溪村			
村干部姓名	书记	邰诗伦	主任	周礼谦
受访者姓名 / 职务	邰诗伦 / 贵溪村支部书记			
联系电话				
贫困村类型	√贫困村［√省定□省以下］　□已脱贫村　□非贫困村			
民族类型	□非少数民族聚居村√少数民族聚居村（填民族代码　6、2　）			
调查日期	2017 年 4 月 21 日，星期五			
调查员姓名	邹青山 沈进建 张秋涛 陈媛媛			
检查员姓名	周承忠			

A 自然地理

项目名称	数据	项目名称	数据
A1 地貌（①平原②丘陵③山区④高原⑤盆地）	③	A6 距乡镇的距离（公里）	4
A2 村域面积（平方公里）		A7 距最近的车站码头的距离（公里）	4
A3 自然村（寨）数（个）	3	A8 是否经历过行政村合并（①是②否→B0）	①
A4 村民组数（个）	4	a. 哪一年合并（年份，4位）	2014
A5 距县城或城市距离（公里）	35	b. 由几个行政村合并而成（个）	2

B 人口就业

项目名称	数据	项目名称	数据
B1 总户数（户）	187	B3 常住人口数（人）	872
a. 建档立卡贫困户数	93	B4 劳动力数（人）	523
b. 实际贫困户数	93	B5 外出半年以上劳动力数（人）	230
c. 低保户数	32	a. 举家外出户数（户）	50
d. 五保户数	3	b. 举家外出人口数（人）	162
e. 少数民族户数	187	B6 外出半年以内劳动力数（人）	293
f. 外来人口户数		B7 外出到省外劳动力数（人）	210
B2 总人口数（人）	872	B8 外出到省内县外劳动力数（人）	12
a. 建档立卡贫困人口数	353	B9 外出人员从事主要行业（行业代码，前3项）	③
b. 实际贫困人口数	353	B10 外出务工人员中途返乡人数（人）	4
c. 低保人口数	116	B11 定期回家务农的外出劳动力数（人）	60
d. 五保人口数	13	B12 初中毕业未升学的新成长劳动力数（人）	12
e. 少数民族人口数		B13 高中毕业未升学的新成长劳动力数（人）	17
f. 外来人口数		B14 参加"雨露计划"人数（人）	
g. 文盲、半文盲人口数		a. 参加雨露计划"两后生"培训人数（人）	
h. 残疾人口数			

C 土地资源及利用

项目名称	数据	项目名称	数据
C1 耕地面积（亩）	372	C10 2016 年底土地确权登记发证面积（亩）	0
a. 有效灌溉面积	259	C11 全年国家征用耕地面积（亩）	0
C2 园地面积（亩，桑园果园茶园等）	0	C12 农户对外流转耕地面积（亩）	200
C3 林地面积（亩）	4923	C13 农户对外流出山林地面积（亩）	0
a. 退耕还林面积	1200	C14 参与耕地林地等流转农户数（户）	60
C4 牧草地面积（亩）	0	C15 村集体对外出租耕地面积（亩）	0
C5 畜禽饲养地面积（亩）	0	C16 村集体对外出租山林地面积（亩）	0
C6 养殖水面（亩）	0	C17 本村土地流转平均租金（元/亩）	800
C7 农用地中属于农户自留地的面积（亩）	0	C18 本村林地流转平均租金（元/亩）	50
C8 未发包集体耕地面积（亩）	0	C19 全村闲置抛荒耕地面积（亩）	25
C9 第二轮土地承包期内土地调整次数（次）	0	C20 耕地抛荒的最主要原因	②
a. 土地调整面积	0		

注：抛荒原因代码：①没有劳动力，②劳动力外出，③产出太低，④成本太高，⑤其他。

D 经济发展

（一）经营主体与集体企业

项目名称	数据	项目名称	数据
D11 村农民年人均纯收入（元）		D19 其他企业数（个）	0
D12 农民合作社数（个）	2	D110 企业中，集体企业数（个）	0
D13 家庭农场数（个）	1	a. 资产估价（万元）	0
D14 专业大户数（个）	1	b. 负债（万元）	0
D15 农业企业数（个）	0	c. 从业人员数（人）	4
D16 加工制造企业数（个）	0	d. 吸纳本村从业人数（人）	0
a. 主要行业（制造业分类代码，前3项）		e. 主要行业（行业代码，前3项）	①
D17 餐饮企业数（个）	0	D111 集体企业经营收入（万元）	0
D18 批发零售、超市、小卖部数（个）	2	D112 集体企业经营利润（万元）	0

（二）农民合作社

序号	名称	领办人（代码）	成立时间（年月）	成立时社员户数	目前社员户数	业务范围	总资产（万元）	总销售额（万元）	分红额（万元）
D21	贵尧合作社	③	2016.5	4	97	养肉牛	100	0	0
D22									
D23									
D24									
D25									

注：领办人代码：①村集体，②村干部，③村干部以外的农户，④外来公司，⑤其他（注明）。

（三）农业生产

序号	主要种植作物	种植面积（亩）	单产（公斤/亩）	市场均价（元/公斤）	耕作起止月份
D31	水稻	180	450	2.4	5月至9月
D32	玉米	50	300	2.6	5月至8月
D33	土豆	80	500	4	2月至5月

序号	主要养殖畜禽	出栏量（头/只）	平均毛重（公斤/头）	市场均价（元/公斤）
D34	肉牛	45	600	13
D35	稻田鱼	600	0.5	60
D36				

E 社区设施和公共服务

（一）道路交通

项目名称	数据	项目名称	数据
E11 通村道路主要类型［①硬化路（水泥、柏油）③沙石路 ③泥土路 ④其他］	①	a. 未硬化路段长度（公里）	2
		E14 村内通组道路长度（公里）	5
E12 通村道路路面宽度（米）	4.5	a. 未硬化路段长度（公里）	2
E13 通村道路长度（公里）	10	E15 村内是否有可用路灯（①是 ②否）	①

（二）电视通信

项目名称	数据	项目名称	数据
E21 村内是否有有线广播（①有 ②无）	②	E25 使用卫星电视户数（户）	180
E22 村委会是否有联网电脑（①有 ②无）	②	E26 家中没有电视机户数（户）	7
E23 家中有电脑的户数（户）	10	E27 家中未通电话也无手机户数（户）	0
a. 联网电脑户数（户）	10	E28 使用智能手机人数（人）	523
E24 使用有线电视户数（户）	180	E29 手机信号覆盖范围（%）	100

（三）妇幼、医疗保健

项目名称	数据	项目名称	数据
E31 全村卫生室数（个）	1	E35 当年0~5岁儿童死亡人数（人）	0
a. 若无，最近的卫生室、医院的距离（公里）		E36 当年孕产妇死亡人数（人）	0
E32 药店（铺）数（个）	0	E37 当年自杀人数（人）	0
E33 全村医生人数（人）	1	E38 当前身患大病人数（人）	2
a. 其中有行医资格证书人数（人）	0	E39 村内敬老院个数（个）	0
E34 全村接生员人数（人）	0	a. 在村内敬老院居住老年人数（人）	
a. 其中有行医资格证书（人）		b. 在村外敬老院居住老年人数（人）	

（四）生活设施

项目名称	数据	项目名称	数据
E41 已通民用电户数（户）	187	a1. 自来水单价（元/吨）	0.5
a. 民用电单价（元/度）	0.5	a2. 使用净化处理自来水户数（户）	187
b. 当年停电次数（次）	2	b. 江河湖泊水（%）	
E42 村内垃圾池数量（个）	4	c. 雨水/窖水（%）	
E43 村内垃圾箱数量（个）	0	d. 受保护的井水或泉水（%）	
E44 集中处置垃圾所占比例（%）	50	e. 不受保护的井水或泉水（%）	
E45 户用沼气池数量（个）	15	E47 自来水之外的管道供水户数（户）	
E46 饮用水源比例		E48 水窖数量（个）	
a. 集中供应自来水（%）	100	E49 饮水困难户数（户）	0

（五）居民住房情况

项目名称	数据	项目名称	数据
E51 户均宅基地面积（平方米）	80	E56 危房户数（户）	21
E52 违规占用宅基地建房户数（户）	0	E57 空置一年或更久宅院数（户）	20
E53 楼房所占比例（%）	50	E58 房屋出租户数（户）	0
E54 砖瓦房、钢筋水泥房所占比例（%）	50	a. 月均房租（如有，按 10 平方米折算，元）	
E55 竹草土坯房户数（户）	0		

（六）社会保障

项目名称	数据	项目名称	数据
E61 参加新型合作医疗户数（户）	187	E64 五保供养人数（人）	3
a. 参加新型合作医疗人数（人）	187	a. 集中供养人数（人）	
b. 新型合作医疗缴费标准（元/年/人）	90	b. 集中与分散供养相结合五保人数（人）	3
E62 参加社会养老保险户数（户）	187	c. 五保供养村集体出资金额（元）	
a. 参加社会养老保险人数（人）	523	E65 当年全村获得国家救助总额（万元）	
E63 低保人数（人）	116	E66 村集体帮助困难户年出资额（元）	0

（七）农田水利

项目名称	数据	项目名称	数据
E71 近年平均年降水量（毫米）	1120	E75 机电井数量（个）	1
E72 主要灌溉水源（①地表水 ②地下水 ③雨水）	①	E76 生产用集雨窖数量（个）	0
E73 正常年景下水源是否有保障（①是 ②否）	①	E77 水渠长度（米）	1200
E74 排灌站数量（个）	0		

F 村庄治理与基层民主

（一）村庄治理结构

项目名称	数据	项目名称	数据
F11 全村中共党员数量（人）	33	F17 村民代表人数（人）	12
a.50 岁以上党员数（人）	16	a.其中属于村"两委"人数（人）	0
b. 高中及以上文化党员数（人）	3	F18 是否有村务监督委员会（①是②否→F19）	①
F12 是否有党员代表会议（①是②否→F13）	①	a. 监督委员会人数（人）	2
a.党员代表人数（人）	11	b.属于村"两委"人数（人）	1
b.属于村"两委"人数（人）	3	c.属于村民代表人数（人）	1
F13 党小组数量（个）	0	F19 是否有民主理财小组（①是②否→F110）	①
F14 村支部支委会人数（人）	5	a.民主理财小组人数（人）	2
F15 村民委员会人数（人）	7	b.属于村"两委"人数（人）	7
F16 村"两委"交叉任职人数（人）	3	c.属于村民代表人数（人）	5

（二）村"两委"（先填党支部，后填村委会。按照书记、副书记、委员等顺序填写。注意填写代码）

序号	职务	姓名	性别	年龄	文化程度	党龄	交叉任职	工资（元）	任职届数	任职前身份
F211	①	邰诗伦	①	58	③	28		1500	9	③
F212	④	周礼谦	①	61	③	8		1500	3	⑤
F213	⑥	周承忠	①	54	③	19		1500	3	⑥
F214										
F215										
F221							×	×		
F222							×	×		
F223							×	×		
F224							×	×		
F225							×	×		

注：职务代码：①支部书记，②副书记，③支部委员，④村委会主任，⑤副主任，⑥村委委员，⑦委员兼妇女主任；性别代码：①男，②女；交叉任职：填写党支部干部所交叉担任的村委会职务代码；文化程度选项：①文盲，②小学，③初中，④高中或中专，⑤大专以上；任职前身份：如是村干部，填写村干部职务代码，如果不是村干部，写明身份。

（三）最近两届村委会选举情况

序号	年份	有选举权人数	实际参选人数	村主任得票数	是否设有秘密划票间	书记与主任是否一肩挑	是否搞大会唱票选举	投票是否发钱发物	是否流动投票
F31	2014	521	501	360	①	②	①	②	①
F32	2016	575	554	418	①	②	①	②	①

注：是否选项：①是，②否。

G 教育、科技、文化

（一）学前教育（2016~2017 学年度，下同）

项目名称	数据	项目名称	数据
G11 本村 3~5 周岁儿童人数（人）	22	b. 幼儿园在园人数（人）	30
G12 当前 3~5 周岁儿童不在学人数（人）	2	c. 幼儿园收费标准（元/月）	320
G13 本村幼儿园、托儿所数量（个）	0	G14 学前班在学人数（人）	3
a. 其中，公立园数量（个）		a. 学前班收费标准（元/月）	50

（二）小学阶段教育

项目名称	数据	项目名称	数据
G21 本村小学阶段适龄儿童人数（人）	38	b. 住校生人数（人）	30
a. 其中女生数（人）	14	G24 在县市小学上学人数（人）	8
G22 在本村小学上学人数（人）	0	a. 其中女生数（人）	3
a. 其中女生数（人）	0	G25 去外地上学人数（人）	2
b. 住校生人数（人）	0	a. 其中女生数（人）	1
G23 在乡镇小学上学人数（人）	30	G26 失学辍学人数（人）	0
a. 其中女生数（人）	14	a. 其中女生数（人）	0

（三）初中阶段教育

项目名称	数据	项目名称	数据
G31 乡镇中学离本村距离（公里）	无	G34 在县城中学上学人数（人）	32
G32 在乡镇中学上学人数（人）	无	a. 其中女生数（人）	15
a. 其中女生数（人）		G35 去外地上学人数（人）	
b. 住校生人数（人）		a. 其中女生数（人）	
G33 中学是否提供午餐（①是 ②否 → G17）	无	G36 失学辍学人数（人）	
a. 是否免费或有补助（①免费 ②补助 ③无）		a. 其中女生数（人）	

（四）村小学情况

项目名称	数据	项目名称	数据
G41 本村是否有小学（①是②否→G409）	②	c. 高中或中专	
G42 最高教学年级为		G46 校舍是否独立使用（①是②否）	
G43 在校生数（人）		a. 校舍建成时间（年）	
G44 公办教师人数（人）		b. 校舍建筑面积（平方米）	
a. 本科		G47 是否提供午餐（①是②否→G27）	
b. 大专		a. 午餐标准（元/顿）	
c. 高中或中专		b. 是否有补助（①免费②部分补助③无）	
G45 非公办教师人数（人）		G48 是否配有联网电脑（①是②否）→G501	
a. 本科		G49 如无小学，原小学哪年撤销	2011
b. 大专		G410 最近小学离本村距离（公里）	4

（五）科技与文化

项目名称	数据	项目名称	数据
G51 是否有农民文化技术学校（①是②否）	②	G57 体育健身场所（个）	0
G52 村内举办农业技术讲座次数（次）	0	G58 棋牌活动场所（个）	0
G53 村民参加农业技术培训人次	0	G59 社团（老年协会、秧歌队等）个数（个）	0
G54 获得县以上证书农业技术人员数量（人）	0	G510 村民最主要宗教信仰（单选，代码1）	①
G55 村民参加职业技术培训人次	0	G511 具有各种宗教信仰群众数量（人）	无
G56 图书室、文化站个数（个）	1	G512 是否有教堂、寺庙等宗教活动场所（①是②否→H1）	②
a. 如有，活动场地面积（平方米）		a. 建设与维护费用主要来源（①群众集资②收费③社会捐助④其他）	
b. 藏书数量（册）	500	b. 多久举行一次活动（代码2）	0
c. 月均使用人数（人次）	30	c. 平均每次活动参加人数（人）	0

注：代码1（宗教信仰）：①无，②佛教，③道教，④伊斯兰教，⑤基督教，⑥天主教，⑦喇嘛教，⑧其他宗教；代码2（活动频率）：①每天，②每周，③每月，④一个月以上。

H 社会稳定情况

项目名称	数据	项目名称	数据
H11 打架斗殴事件（件）	0	H14 判刑人数	0
H12 偷盗事件（件）	0	H15 接受治安处罚人次	0
H13 抢劫事件（件）	0	H16 上访人次	0

I 村集体财务

（一）集体财务收支

村财务收入	金额（元）	村财务支出	金额（元）
I11 上级补助	83200	I114 村干部工资	57600
I12 村集体企业上交		I115 组干部工资	9648
I13 发包机动地收入		I116 水电等办公费	100
I14 发包荒山、坡地收入		I117 订报刊费	400
I15 发包林地收入		I118 招待费	4000
I16 发包水面收入		I119 困难户补助费	0
I17 店面厂房等租金		I120 修建学校	0
I18 修建学校集资		I121 修建道路	0
I19 修建道路集资		I122 修建水利	0
I110 修建水利集资		I123 垫交费用	0
I111 社会抚养费（返还）		I124 偿还债务及利息支付	
I112 其他收入 1（注明）		I125 其他支出 1（注明）	整脏乱，工作开支（12000）
I113 其他收入 2（注明）		I126 其他支出 2（注明）	

（二）集体债权债务

集体债权	金额（元）	集体负债	金额（元）
I21 村组干部欠		I26 欠村组干部	
I22 农户欠		I27 欠农户	
I23 商户欠		I28 欠商户	
I24 上级政府欠		I29 欠上级政府	
I25 其他人欠（注明）		I210 欠银行	
	×	I211 欠教师	
	×	I212 欠其他人（注明）	

（三）集体资产

项目名称	数据	项目名称	数据
I31 办公楼等设施的建筑面积（平方米）	120	I33 未承包到户的集体山场面积（亩）	0
I32 未承包到户的集体耕地面积（亩）	0	I34 其他集体资产（注明）	

J 公共建设与农民集资

（一）公共建设（2015年以来）

项目名称	数量	建设开始时间（年月）	建设完成时间（年月）	投资额（万元）		
				农民集资	集体出资	上级拨款
J11 学校（平方米）	0					
J12 村办公场所（平方米）	120	2010	2010			4
J13 卫生室（平方米）	40	2013	2014			2
J14 文化体育设施（处）	0					
J15 其他项目（注明）	0					

（二）"一事一议"筹资筹劳开展情况（2015年以来）

序号	事项内容（代码1）	通过方式（代码2）	建设开始时间（年月）	建设完成时间（年月）	出资出劳户数（户）	户均筹劳数量（个）	户均筹资金额（元）	政府补助（元）	
								补助现金	物资折合
J21	大榜坡进寨路	①	2015.6	2015.6	83	3	20		
J22	篮球场	①	2015.6	2015.6	83	3	20		
J23									
J24									

注：代码1：①村内小型农田水利基本建设，②道路修建，③植树造林，④其他集体生产生活及公益事业项目；代码2：①村民会议或村民代表会议讨论，②党支部或村委会决定，③其他。

K 建档立卡贫困人口

项目名称	2014 年	2015 年	2016 年
K1 贫困户数（户）	93	93	93
K2 贫困人口数（人）	353	353	353
a. 因病致贫人口			
b. 因学致贫人口			
c. 因缺劳力致贫人口			
K3 调出贫困户数（调整为非贫困户）	×		
a. 调出贫困人口数	×		
K4 调入贫困户数（调整为贫困户）	×		
a. 调入贫困人口数	×		
K5 脱贫户数			
K6 脱贫人口数			
a. 发展生产脱贫			
b. 转移就业脱贫			
c. 易地搬迁脱贫			
d. 生态补偿脱贫			
e. 社保兜底脱贫			

L1 发展干预（2015 年）

建设项目		单位	数量	受益户数（户）	总投资（万元）	投资构成（万元）					
						财政专项扶贫资金	行业部门资金	社会帮扶资金	信贷资金	群众自筹资金	其他资金
L11 村级道路	新建通村沥青（水泥）路	公里	0.3	×							
	新建村内道路	公里	1								
L12 农田水利	小型水利建设	处	30								
	基本农田建设及改造	亩	0	×							
L13 饮水安全	新建自来水入户	户	0								
	新建蓄水池（窖）	个	0								
	新建村级自来水厂	座	0								
L14 电力保障	新增农村电网改造	处	0								
	解决无天电户	户	0	×							
L15 居住改善	危房改造	户	8	×							
	人居环境改善	户	0	×							
L16 特色产业	培育特色产业项目	个	2								
	培育合作社	个	0								
L17 乡村旅游	新扶持农家乐户数	户	0	×							
L18 卫生计生	参加卫生计生技术培训	人次	0	×							
L19 文化建设	广播电视入户	户	0	×							
	村文化活动室	个	0	×							
L110 信息化	宽带入户	户	0	×							
	手机信号覆盖范围	%	100	×	×	×	×	×	×	×	
L111 易地搬迁	易地搬迁（迁出）	户	0	×							
	易地搬迁（迁入）	户	0	×							×

L2 发展干预（2016 年）

建设项目		单位	数量	受益户数（户）	总投资（万元）	投资构成（万元）					
						财政专项扶贫资金	行业部门资金	社会帮扶资金	信贷资金	群众自筹资金	其他资金
L2.1 村级道路	新建通村沥青（水泥）路	公里	0								
	新建村内道路	公里	0								
L2.2 农田水利	小型水利工程	处	1								
	基本农田建设及改造	亩	0								
L2.3 饮水安全	新建自来水入户	户	0	×							
	新建蓄水池（管）	个	0								
	新建村级自来水厂	座	0								
L2.4 电力保障	新增农村电网改造	处	0								
	解决无电户	户	0	×							
L2.5 居住改善	危房改造	户	8	×							
	人居环境改善	户	0	×							
L2.6 特色产业	培育特色产业项目	个	1								
	培育合作社	个	2								
L2.7 乡村旅游	新扶持农家乐户数	户	0	×							
L2.8 卫生计生	参加卫生计生技术培训	人次	0	×							
L2.9 文化建设	有线电视入户	户	0	×							
	新建电视文化活动室	个	0	×							
L2.10 信息化	宽带入户	户	0	×							
	手机信号覆盖范围	%	0	×	×	×	×		×	×	
L2.11 易地搬迁	易地搬迁（迁出）	户	3	×							×
	易地搬迁（迁入）	户	0	×							

村问卷附表（主要问村干部）：

M 第一书记和扶贫工作队

项目名称	数据
M11 本村现在是否派驻有第一书记（①有 ②以前有、现在没有→ M12 ③没有→ M12）	①
M12 第一书记什么时间派驻（年月 /6 位）	201603
M13 第一书记姓名	卫小平
M14 第一书记性别（①男 ②女）	①
M15 第一书记出生年份（四位数年份）	
M16 第一书记学历（①初中及以下 ②高中或中专 ③大专 ④大学本科 ⑤研究生）	④
M17 第一书记来自［①中央单位 ②省级单位 ③市级单位 ④县级单位 ⑤乡镇 ⑥其他（请注明）］	②
M18 第一书记单位属性（①党政机关 ②事业单位 ③企业 ④其他）	①
M19 第一书记最近半年在村工作多少天（含因公出差）（天）	132
M110 第一书记最近半年在村居住多少天（天）	132
M111 第一书记最近半年在乡镇住多少天（天）	30
M112 第一书记作为帮扶责任人联系多少贫困户（户）	93
M113 第一书记到过贫困户家的数量（户）	93
M114 第一书记做了哪些工作（可多选）［①重新识别贫困户 ②诊断致贫原因 ③引进资金 ④引进项目 ⑤帮助贫困户制定脱贫计划 ⑥帮助落实帮扶措施 ⑦参与脱贫考核 ⑧接待、处理群众上访 ⑨其他（注明）］	②③④⑤⑥⑦
M115 2016 年对第一书记考核结果等级［0= 未考核 ①优秀 ②合格（称职）③基本合格（基本称职）④不合格（不称职）］	①
M116 村两委对第一书记工作满意程度（①非常满意 ②满意 ③一般 ④不满意 ⑤非常不满意）	①
M21 你村是否派驻有扶贫工作队（①有 ②以前有、现在没有→结束 ③没有→结束）	①
M22 工作队什么时间派驻（年月 /6 位）	201604
M23 工作队有几名成员（人）	5
M24 工作队成员来自（可多选）（选项同 M17）	②④⑤
M25 工作队员最近半年平均在村工作多少天（含因公出差）（天）	132
M26 工作队员最近半年在村平均住了多少天（天）	132
M27 工作队员最近半年平均在乡镇平均住了多少天（天）	30
M28 工作队员作为帮扶责任人共联系多少贫困户（户）	93

项目名称	数据
M29 工作队员到过贫困户家的数量（户）	93
M210 工作队员做了哪些工作（可多选）（选项同 M114）	②③④⑤⑥⑦
M211 2016 年对工作队员考核结果不称职（不合格）的人数	0
M212 村委会对工作队员工作满意程度（①都满意 ②部分满意 ③一般 ④都不满意）	①
M213 工作队长是不是第一书记（①是→结束 ②否）	①
M214 工作队长姓名	
M215 工作队长性别（①男 ②女）	
M216 工作队长出生年份（四位数年份）	
M217 工作队长学历（①初中及以下 ②高中或中专 ③大专 ④大学本科 ⑤研究生）	
M218 工作队长来自［①中央单位 ②省级单位 ③市级单位 ④县级单位 ⑤乡镇 ⑥其他（请注明）］	
M219 作队长单位属性（①党政机关 ②事业单位 ③企业 ④其他）	

参考文献

〔印〕阿比吉特·班纳吉:《贫穷的本质——我们为什么摆脱不了贫穷》,景芳译,中信出版社,2013。

蔡志海、田杰:《个体化时代下农村贫困的应对方式》,《开发研究》2017年第3期。

程志强:《破解"富裕的贫困"的悖论》,商务印书馆,2009。

邓维杰:《精准扶贫的难点、对策与路径选择》,《农村经济》2014年第6期。

贵州省第十二届人民代表大会常务委员会第二十四次会议:《贵州省大扶贫条例》,2016年9月30日。

《贵州省整村推进扶贫开发实施细则》,2016年10月18日。

黄承伟:《精准扶贫精准脱贫贵州模式研究——脱贫攻坚省级样本》,社会科学文献出版社,2016。

黄承伟、王建民:《少数民族与扶贫开发》,民族出版社,2012。

蒋永穆、周宇玲:《习近平扶贫思想述论》,《理论学刊》2015年第11期。

李培林、魏后凯:《中国扶贫开发报告(2016)》,社会科学文献出版社,2016。

李培林、魏后凯、吴国宝等:《中国扶贫开发报告(2017)》,

社会科学文献出版社，2017。

陆汉文、黄承伟:《中国精准扶贫发展报告（2016）》，社会科学文献出版社，2016。

谢良丰:《基于精准扶贫下农民增收因素的分析探究》，《山西农经》2018年第2期。

杨定玉:《少数民族地区精准扶贫问题研究述评》，《民族论坛》2016年第2期。

赵勇军:《贵州：剑指贫困，强攻"堡垒"》，《财经界》2017年第3期。

中共贵州省委、贵州省人民政府:《贵州省"33668"扶贫攻坚行动计划》，2016年5月。

《中共贵州省委贵州省人民政府关于贯彻落实〈中国农村扶贫开发纲要（2011~2020年）〉的实施意见》（黔党发〔2012〕3号），2012年1月12日。

中共良上镇委员会、良上镇人民政府:《良上镇贵溪村脱贫攻坚实施方案》，2017年8月15日。

中共良上镇委员会、良上镇人民政府:《良上镇脱贫攻坚工作情况汇报》，2017年11月15日。

《中共三穗县委办公室 三穗县人民政府办公室关于印发〈三穗县脱贫攻坚秋季攻势行动实施方案〉的通知》（穗党办发〔2017〕25号）。

中央贵州省委、贵州省人民政府:《关于坚决打赢扶贫攻坚战确保同步全面建成小康社会的决定》，2016。

《着力促进贫困人口创业就业 加快脱贫致富奔小康步伐——〈关于扶持生产和就业推进精准扶贫的实施意见〉解读》，《贵州日报》2015年11月17日。

后　记

消除贫困、改善民生，实现现行标准下贫困县的全部退出和贫困人口的全部脱贫，作为国家"十三五"时期经济社会发展的首要任务和全面建成小康社会的重要内容，正成为各级党委、政府的"第一民生工程"，凝结成"党委主责、政府主抓、方方面面参与"的社会共识。在这场脱贫攻坚战中，习近平总书记有关"精准扶贫、精准脱贫"的战略思想贯穿其中，成为指导帮困脱贫实践的纲领和指导思想。

在中国社会科学院国情调研特大项目"精准扶贫精准脱贫百村调研"过程中，调研组深深感受到各级党委、政府在脱贫攻坚中的信心和决心，以及在制定本地区扶贫脱贫政策、方略、措施时对习近平总书记精准扶贫思想的深度践行。作为脱贫攻坚的"省级样本"，贵州形成了一整套科学完备的扶贫攻坚政策文件和措施体系，形成了多措并举、多管齐下的大扶贫战略格局，这些政策措施因地制宜、精确制导，为县乡脱贫攻坚的具体实施提供了切实可行的制度依据和资金、项目保证。

在脱贫攻坚实践中，贫困村庄是各种扶贫脱贫政策、措施指向的靶心，一个村庄的脱贫实践正是基于省级扶贫攻坚的顶层设计和市、县、乡三级的层层落实。脱贫攻坚，全面建成小康社会任务最艰巨最繁重的地方在农村，特别是贫困村庄。在贫困面积最大、贫困程度最深、贫困人口最多的贵州省，脱贫攻坚最难啃的硬骨头也在那些偏远、落后的农村地区。因此，从一个具有代表性的贫困村庄的维度来审视其脱贫攻坚实施的历程和成效，对于检验扶贫政策措施的针对性，总结当前精准扶贫、精准脱贫中的经验和不足，将会产生积极的借鉴作用。

"精准扶贫精准脱贫百村调研"赴三穗县良上镇贵溪村项目组2017年三度前往村庄，就贵溪村的基本状况，建档立卡贫困户的精准识别，致贫原因，贫困现状，党委、政府层层制定的扶贫脱贫措施及成效进行了翔实的调研，认真梳理了脱贫攻坚省级顶层设计和自治州，特别是县乡具体落实的扶贫体制、格局，针对贵溪村的实际提出了进一步破解贫困难题、激发内生动力、依托发展旅游和产业经济致富奔小康的对策建议，形成了这份调研报告。

在调研过程中，项目组得到了贵州省社科联党组书记包御坤、社科联秘书长刘丰泉的鼎力支持，在进村入户的调研中，得到了良上镇党委书记杨程涵、镇长胡士猛等相关领导的全力配合，副镇长毛瑞明、镇扶贫工作站办公室负责人张谦全程担任当地苗语翻译，协助填写调研问卷，付出诸多辛劳，在此一并表示感谢！

全书由项目组负责人邹青山拟定写作框架、制定提纲，并负责撰写了书中大部分章节，拍摄了书中所有的图片，项目组沈进建研究员审阅了书稿并撰写贵溪村田野调查报告，贵州省社科联张秋涛部长撰写第六章中有关内容并为本书写作提供了大量的文件资料，对写作提纲提出了建设性的意见，陈媛媛为本书设计制作了图表并填写了图表中的内容。

精准扶贫、精准脱贫涉及的政策文件浩繁，贵州省在扶贫开发中探索形成的经验性的方式、做法异常丰富，特别是县乡之于贫困村庄帮扶的无缝覆盖，都为报告的撰写提供了众多的素材，但由于项目组成员认知水平有限，理论学术提炼或有不足，以致错漏在所难免，敬请读者批评指正。

"精准扶贫精准脱贫百村调研"贵溪项目组

2018 年 8 月

后记

图书在版编目（CIP）数据

精准扶贫精准脱贫百村调研. 贵溪村卷：苗寨侗乡
的脱贫攻坚之路 / 邹青山等著. -- 北京：社会科学文
献出版社, 2018.12
　　ISBN 978-7-5201-3558-0

　　Ⅰ.①精…　Ⅱ.①邹…　Ⅲ.①农村－扶贫－调查报告
－三穗县　Ⅳ.①F323.8

中国版本图书馆CIP数据核字（2018）第220792号

·精准扶贫精准脱贫百村调研丛书·

精准扶贫精准脱贫百村调研·贵溪村卷
　　——苗寨侗乡的脱贫攻坚之路

著　　者 / 邹青山　沈进建　张秋涛　陈媛媛

出 版 人 / 谢寿光
项目统筹 / 邓泳红　陈　颖
责任编辑 / 张　超

出　　版 / 社会科学文献出版社·皮书出版分社（010）59367127
　　　　　　地址：北京市北三环中路甲29号院华龙大厦　　邮编：100029
　　　　　　网址：www.ssap.com.cn
发　　行 / 市场营销中心（010）59367081　59367083
印　　装 / 三河市东方印刷有限公司
规　　格 / 开　本：787mm×1092mm　1/16
　　　　　　印　张：15.75　字　数：157千字
版　　次 / 2018年12月第1版　2018年12月第1次印刷
书　　号 / ISBN 978-7-5201-3558-0
定　　价 / 59.00元

本书如有印装质量问题，请与读者服务中心（010-59367028）联系